1

CHRISTIAN ROUAS

L'EMPRISE DU MONDIALISME

INITIATION & SOCIÉTÉS SECRÈTES

OMNIA VERITAS

CHRISTIAN ROUAS

L'EMPRISE DU MONDIALISME

INITIATION & SOCIÉTÉS SECRÈTES

Publié par Omnia Veritas Ltd

OMNIA VERITAS

www.omnia-veritas.com

© Omnia Veritas Ltd –
Christian Rouas – 2015

AVANT-PROPOS 15

CHAPITRE 1 17

ACCÉDER AUX CHAMPS ÉLYSÉES EN 440 AV. J.-C. 17
L'ascendance des initiateurs 18
Mieux définir l'initiation 19

CHAPITRE 2 21

LA PROFONDE INFLUENCE DE BABYLONE SUR LES CROYANCES ET L'INITIATION DU PLUS
GRAND NOMBRE 21
L'impact de Babylone sur le christianisme 22
Le trait dominant du paganisme babylonien reste l'art de prédire les
événements 23

CHAPITRE 3 25

POINTS COMMUNS ENTRE LES RITES ANCIENS ET LES PRATIQUES INITIATIQUES
ACTUELLES 25
Nimrod, puissant opposant à Dieu, fondateur de la Franc-
maçonnerie 26
Dès le 18ᵉ siècle, se forme la toile d'une puissante organisation
secrète et sphère d'influence 26
Initiation à vie, fidélité absolue à la cause grandiose 27
L'initiation macabre se perpétue pour l'élite américaine naissante 28
L'initiation spécifique pour les membres de la véritable gouvernance
mondiale 29
Dévotion à Gaïa, aux nouvelles normes d'un nouvel Ordre mondial,
une signature mentale 29
Toutes les garanties nécessaires pour mener à bien tous les objectifs
universalistes 30
Le mode opérant des esprits brillants est proche de la perfection ... 31
L'initiation remonte au début de l'humanité, avant Babylone, jusqu'à
la Franc-maçonnerie 33
Napoléon 1ᵉʳ fut initié au culte d'ISIS 34
Les rites initiatiques contemporains changent seulement de forme 35

CHAPITRE 4 37

LES HAUTS DIRIGEANTS DU MONDE SONT DE FERVENTS ADEPTES D'ASTROLOGIE ET
D'OCCULTISME 37
L'occultisme du côté des tyrans et des totalitaires 38
L'occultisme du côté du monde réputé libre 40
L'occultisme et l'emploi 41

CHAPITRE 5 43

LE SYMBOLISME EST LIÉ À L'INITIATION, AU SECRET, AU POUVOIR, À L'INFLUENCE DES
MASSES HUMAINES 43
1 - De façon générale, le triangle de la trinité est à la base de la
croyance chrétienne catholique 43
Drapeau de l'Union européenne, exemple de symbolisme politico-
mystique 45
2 - Le symbolisme spécifiquement rapporté à la structuration d'un
nouvel Ordre du monde. 47
Comment les membres du cartel ont-ils opéré pour dénaturer la
société humaine et saper les Etats ? 49

CHAPITRE 6 51

DANS UN DEUXIÈME TEMPS, LES PLANIFICATEURS DU NOUVEL ORDRE MONDIAL –
N.O.M. – ONT PRÉVU DE PASSER RAPIDEMENT À L'EXTRACTION DE LA PANACÉE 51
La montée en puissance du pouvoir de l'ombre dès le 18e siècle 51
Tout ce qui a été transmuté par le passé a pu renaître de ses cendres
.... 52
Le monde a été façonné, chauffé à blanc – la pierre philosophale
impose à tous son itinéraire 53
INITIATION ET IMPLICATION LUCIFÉRIENNE POUR LE NOUVEL ORDRE DU MONDE 54
Les divers systèmes de pensée affirment détenir la vérité 54

CHAPITRE 7 57

NEW ÂGE, LE COURANT QUI CONDUIT LA GRANDE MULTITUDE À ACCEPTER UNE
NOUVELLE GOUVERNANCE DU MONDE 57
La notion de Dieu s'estompe, l'humanoïde prime et doit s'harmoniser
avec Gaïa 57
Un mode de pensée qui envahit le monde entier et infiltre toutes les
religions 58
Le Nouvel Âge qui repose sur l'astrologie, le spiritisme, remonte à la
nuit des temps 59
Une cuvée philosophique qui enivre, déstructure, les valeurs judéo-
chrétiennes 60
Le Nouvel Âge, le courant qui conduit les humains vers la grande
kermesse du N.O.M. 61
Le terme Lucifer ne correspond en rien à l'imagerie populaire 61
Depuis le 18e siècle, mise en place d'un modèle d'éblouissement pour
masquer la tromperie 62

Initiation luciférienne pour chaque membre de l'actuelle gouvernance mondiale occulte 63

Le Nouvel Âge est tout à la fois le courant de pensée et le nouvel Ordre millénaire du monde 64

Les masses humaines appellent à une solution salvatrice émanant d'une autorité supra nationale 64

Depuis les années 1930, les chefs d'Etat soutiennent l'avènement d'un nouvel Ordre international de grande envergure 65

L'engagement lucéférien, ne signifie en rien les tourments d'un Diable 66

Contre toute attente, Belzebuth est un esprit brillantissime qui propose une vie idyllique 67

Prochainement l'annonce mirifique de l'instauration d'une nouvelle gouvernance du monde 67

L'initiation luciférienne d'intégrer le Nouvel Âge, c'est simplement y souscrire, y adhérer 68

La permutation de l'actuel Ordre ancien en un nouvel Ordre du monde, l'offre de la panacée 69

Le faux sentiment de liberté, de neutralité 70

Le sentiment trompeur de la laïcité 70

L'impossibilité au plan humain de résoudre les immenses problèmes qui cisaillent l'humanité 71

La plus grande mystification de toute l'histoire de l'humanité est planifiée 72

Aucun de ces modes de gouvernance n'a pu apporter un bonheur durable aux divers peuples 76

Le 18ᵉ siècle se caractérise par la montée en puissance du pouvoir des ténèbres 77

Qui placera sa confiance en de fausses promesses de solutions globales et de paix universelle 77

CHAPITRE 8 .... **79**

QUEL A ÉTÉ LE POINT DE DÉPART DE TOUTES LES RAMIFICATIONS IMPÉNÉTRABLES VISANT À SOUMETTRE LA SOCIÉTÉ HUMAINE 79

Adam, alias Spartacus, WEISHAUPT, pour une famille humaine universelle, à l'état de nature 80

L'ordre des esprits supérieurs, une intelligence de nature spirite, bien supérieure aux autres hommes 83

Ils ont besoin d'un support matériel pour tirer force de l'esprit 83

L'œil Oudjat, une triple fonction magique, dont le pouvoir de discerner ce que les autres ne voient pas 87

Les adeptes d'Horus ont édifié la première société secrète pour garantir l'union et la solidarité 87

Lien entre les loges maçonniques et l'Ordre des Illuminati, information de la conspiration à tous les chefs d'Etat, chefs religieux d'Europe 88

Le pouvoir des esprits supérieurs s'étend et gagne les États-Unis ... 89

Maillage avec d'autres loges, mise sous tutelle des centres névralgiques européen, américains 90

Fonctionnement initial des initiés, de la confrérie sumérienne du Serpent jusqu'à nos jours 91

Utilisation de la franc maçonnerie française pour fomenter une Révolution................... 92

L'influence, les méthodes, des initiés pour politiser et fanatiser les populations................. 93

Double manipulation pour manipuler tous les camps adverses, le gigantesque complot..................... 93

Point de départ du racisme, du nazisme, de SKB - l'élite américaine, des guerres mondiales................... 94

Tracer la voie vers un nouvel Ordre du monde, éviction du catholicisme................... 94

Selon CHURCHIL, le clivage organisé entre les classes sociales européennes fut personnifié par : 95

La franc-maçonnerie est instrumentalisée pour organiser les Révolutions 97

La subversion jusqu'en Russie................... 97

Quels sont les courants qui ont conduit aux Révolutions, aux Guerres mondiales ? 98

D'autres personnages célèbres discernent le rôle sournois d'un gouvernement invisible 99

La présence impalpable d'un pouvoir organisé, subtil, dominant, omniprésent 101

La période de la belle époque disparaissait à tout jamais, le vieil ordre mondial était mort................... 103

CHAPITRE 9 .... **105**

CONTEXTE DE LA PREMIÈRE GUERRE MONDIALE, LA CIVILISATION BASCULE 105

L'idée d'un nouvel Ordre du monde pour reconstruire la société civile et ne plus revoir d'hécatombe 108

La volonté d'un véritable statut de souveraineté nationale jusqu'aux années 1980 111

CHAPITRE 10 ....**115**

DÉFINITION SUCCINCTE DE LA FRANC-MAÇONNERIE 115

   Exemple de bonhomie maçonne 118

   Désarmement et faux sentiment de Paix onusienne 120

   Une double initiation pour soutenir la structuration du nouvel Ordre mondial 122

   La franc-maçonnerie se défend d'être une secte 123

   Les sectes au cours de l'histoire, en abrégé 124

   Faire abjurer la foi des cathares, la grande boucherie 125

   La réforme protestante pour dénoncer tous les faux enseignements 126

   Les dragonnades, les ignobles persécutions, les conséquences pour l'économie française 126

   Les sectes et l'opinion publique 127

   Au-delà de la religion héritée des parents, les autres sources religieuses sont nécessairement dans l'erreur 128

   L'émergence de nouvelles sectes 129

   La condition psychique affaiblie du plus grand nombre de gens, le moyen de les modeler 130

   Celui qui se croit fort reste à la merci de bien plus opérant et rusé que lui ! 131

CHAPITRE 11 ....**133**

LES CERCLES DE RÉFLEXION ET ORGANISATIONS SECRÈTES DU CARTEL 133

   Le Club de Rome – zone 1B - Un simulacre de gestion des biens de la Planète Terre 133

   L'Aspen Institute – zone 1B – Le Visionnaire aux yeux rivés sur le N.O.M. 134

   La Fondation Saint-Simon 135

   Le Siècle – zone 1B– de l'organigramme. C'est la tête coupée de l'Hydre qui réapparaît 136

   L'IFRI – zone 1B– de l'organigramme – Un CFR made in France 137

   Le club de La Haye – zone 1B– Le siège du réseau mondial des cercles de réflexion 137

LES PRINCIPALES ORGANISATIONS SECRÈTES, SOURCE SPIRITUELLE OCCULTE DU N.O.M. 138

   I - Le Bohemian's club – zone 1A de l'organigramme 139

   Pourquoi avoir choisi l'emblème de la chouette ou du hibou ? 140

   Un symbole païen, parmi d'autres, utilisé depuis l'antiquité 141

   L'essence de la sorcellerie aux antipodes de la croyance populaire 143

Le druidisme *143*

Ce ne sont pas des sorciers au sens populaire du terme point clé ..144

Les druides d'autrefois et ceux du 21ᵉ siècle sont de brillants érudits
.... *145*

L'organisation en trois cercles se retrouve dans les sociétés secrètes du 21° siècle *148*

Le culte du feu traverse les Âges *148*

II - La Pilgrim's society – zone 1 A *149*

III - Skull and Bones – SKB – zone 1 A *150*

Toutes les conséquences de la crise majeure étaient un mal nécessaire *151*

La capacité de transmuter les valeurs naturelles usuelles *152*

La capacité à ne rien faire transparaitre de leur conformation d'esprit *153*

Le regard de l'initié se porte bien au-delà de l'actuelle période transitoire troublante *154*

Tous les éléments qui composent le système sont de simples pièces de bois sur leur échiquier *154*

Ils ont tous foi en l'Âge d'or, assurés d'y trouver leur place *155*

Principales Organisations structurant l'Édification D'un nouvel Ordre du monde *157*

CHAPITRE 12 .... **159**

QUEL AVENIR CETTE ÉLITE D'INITIÉS RÉSERVE-T-ELLE À L'HUMANITÉ ? *159*

Les Libertés individuelles et collectives sont gravement menacées 159

D'autres moyens sécuritaires seront imposés à tous *160*

Tout est organisé pour engourdir le cerveau *161*

Amollissement de l'esprit et la dégradation des conditions de vie conduisent *164*

Un nouveau système financier est en préparation *165*

Le cadre mensonger de la nouvelle économie keynésienne *166*

Avant tout l'opportunité exceptionnelle d'une refonte du système financier, the global reset *167*

Du nouveau système financier au nouvel Ordre politique du monde
.... *167*

La crise pousse les chefs d'États à soutenir la nécessité d'une nouvelle gouvernance mondiale *168*

La Déclaration universelle des droits de l'homme et la charte des Nations unies, une lettre au père Noël *171*

À la recherche de tous les équilibres *173*

Les bases innovantes d'une nouvelle science politique de type éco-centré 173

Les chefs d'Etat, ne disposant pas de solution globale, sont pris par l'urgence de la situation 174

Pourquoi les Etats, peuples, chefs de gouvernement, sont à l'état de materia prima délavée ? 174

Que sera le Magnus Opus ou pierre philosophale dominante ?..... 175

Les pleurs sont transmutés en larmes de joie 176

Le scénario d'une grande messe universelle est d'ores et déjà organisé 176

Rien ne doit contrecarrer l'inauguration de la nouvelle charte holistique du monde 177

En quoi consiste la nouvelle Charte du nouvel Ordre mondial 178

Globalisation et Holisme, la doctrine universaliste du nouvel Ordre mondial 178

L'homme n'est qu'un avatar qui doit se plier aux exigences de Gaïa 179

Ni l'homme, ni les principes judéo-chrétiens, ne sont le centre de référence de toutes choses 180

Les droits de la civilisation judéo-chrétienne sont gravement menacés 181

1 - Quel niveau de démographie est envisagé dès aujourd'hui. Et après l'instauration du N.O.M. ? 183

La population mondiale est un handicap de taille 185

La démographie et le terrorisme 186

Vue prospective dès les années 2000 sur le risque terroriste en Europe 187

Le faux semblant d'unité exprimé par la gouvernance occulte 187

Les esprits supérieurs sont les ardents promoteurs du malthusianisme 189

Les esprits brillants sont la continuité de la confrérie sumérienne du serpent 189

L'ONU et l'OMS sont modelées pour organiser la régulation des naissances 190

Unesco et WWF sont au service de la véritable gouvernance mondiale.................. 191

L'eugénisme et l'absolue nécessité de campagnes mondiales de vaccination 191

HITLER s'est inspiré du modèle nord-américain 193

Stérilisation de masse par le troisième Reich, puis par les pays occidentaux 194

Les droits de l'homme sont bafoués à l'insu du plus grand nombre *195*

2 - COMMENT LES DROITS DE L'HOMME SERAIENT-ILS APPLIQUÉS DANS LA CHARTE DU N.O.M. ? 196

L'homme androïde réduit à l'agnosticisme, incapable d'élaborer un schéma de pensée *196*

Une emprise psychologique pour ne pas atteindre la vérité *197*

Ils se posent en décideurs de la conscience collective et se pressent d'agir ainsi *198*

De nouveaux pseudo-droits de l'homme sont d'ores et déjà imposés, sans que personne n'en sache rien *198*

3 - LA JUSTICE PREND LA FORME D'UN TRIBUNAL PÉNAL INTERNATIONAL 200

4 - COMMENT LE MODÈLE DE SANTÉ ÉLABORÉ PAR L'OMS SERA-T-IL INTÉGRÉ À LA CHARTE ? 201

5 - QUEL SYSTÈME ÉCONOMIQUE MONDIAL EST ENVISAGÉ ? 202

6 - QUE SE CACHE-T-IL DERRIÈRE LA GLOBALISATION ONUSIENNE 204

Les objectifs du millénaire, tout d'abord une réforme du système financier *205*

La phase ultime de la globalisation, le contrôle total de l'économie *207*

Il faut se hâter de trouver les fonds pour soutenir un nouveau système financier ? *207*

Puiser dans l'épargne populaire, dépouiller les religions de leurs trésors cachés ? *208*

Contrefaçon du modèle économique keynésien et globalisation ... *209*

7 - L'ÉCOLE PUBLIQUE GARDERA-T-ELLE SA PRÉPONDÉRANCE SOCIALE ? 210

8 - LES RELIGIONS SERONT-ELLES INTÉGRÉES DANS LE GLOBALISME ? 211

La Chrétienté a courtisé les Puissants en soulageant maintes fois leur conscience *211*

La Chrétienté à la recherche d'une fusion cultuelle avec les autres confessions *213*

La Chrétienté appelle à un nouvel Ordre mondial *215*

L'homme moderne comme une coquille vide est parfois faible dans sa pensée, dans sa volonté *218*

Un gouvernement mondial dirigé par un leader mondial, assorti d'une religion mondiale *220*

En octobre 2011, le Vatican appelle à une réforme du système financier international *220*

Les esprits supérieurs se félicitent de cette prise de position ecclésiastique en faveur d'un Ordre nouveau *222*

Les coquilles vides seront arbitrairement remplies ! *223*

En l'an 2000, une première tentative onusienne d'unification de
toutes les religions.. 225
L'unicité économique, politique, religieuse, un don béni 228
9 - DÉTERMINATION FAROUCHE ET INTRANSIGEANCE DE LA PROCHAINE
GOUVERNANCE MONDIALE 229
Les dix commandements pour le nouvel Ordre mondial 229
L'exacte correspondance avec les rites druidiques celtiques.......... 231
Ersatz et blasphème 232
Le nouvel Ordre du monde se hâte, il est imminent...................... 234
Quelle en serait la structure 235
À quoi peuvent s'attendre les habitants de la planète Terre ?....... 235
Conclusion 236

BIBLIOGRAPHIE...239

LIVRES DU MÊME AUTEUR...243

AVANT-PROPOS

Pour mieux aborder cet ouvrage, voici quatre citations et une vidéo très à propos :

« *Tous les êtres humains trébuchent un jour sur la vérité, la plupart se relèvent rapidement, secouent leurs vêtements et retournent à leurs préoccupations, comme si de rien n'était* ».
Winston CHURCHILL, premier ministre de Grande Bretagne. Il déclara aussi ultérieurement :

« *Mieux vaut prendre le changement par la main avant qu'il ne nous prenne par la gorge* ».

« *Seuls les plus petits secrets ont besoin d'être protégés, car les plus gros sont gardés par l'incrédulité publique* ».
Marshall MACLUHAN (1911 – 1980) auteur et chercheur Canadien.

« *L'individu est handicapé en se retrouvant face à face avec une conspiration si monstrueuse, qu'il ne peut croire qu'elle existe* ».
J. Edgar HOOVER, directeur du FBI de 1924 jusqu'à sa mort en 1972.

« *L'esprit le plus fertile au monde ne peut pas imaginer tout ce qui se tisse à l'arrière-plan de la vie publique* ».
Les **citoyens du contrat universel**, auteurs de ce livre.

Pour se convaincre des activités séditieuses d'un puissant cartel agissant dans le secret, voir cette vidéo de feu le président **John F. Kennedy – 1961**.[1]

---

[1] **Kennedy dénonçait le complot et les Sociétés secrètes - Qui sont les membres des Sociétés secrètes ?**
https://www.youtube.com/watch?v=ljnVfSGHYhA

CHAPITRE 1

ACCÉDER AUX CHAMPS ÉLYSÉES EN 440 AV. J.-C.

La Grèce antique était réputée pour sa recherche de lumière et d'intelligence humaine. Athènes fut la capitale intellectuelle du monde, lieu du savoir universel. Le centre d'attraction de tous les esprits en quête de connaissance, ce qui à cette époque passait obligatoirement par une initiation. Ceci signifiait le commencement d'une toute nouvelle vie enrichie d'un grand savoir et de spiritualité.

Les cérémonies rituelles secrètes se déroulaient à vingt kilomètres d'Athènes, au sanctuaire d'Éleusis, ou mystère d'Éleusis, un grand bâtiment de 54 mètres de côté. Tous les citoyens y étaient conviés, toute l'élite intellectuelle y prenait part avec le peuple. L'initiation avait lieu dans une grande salle, le Telesterion, tandis que le cœur du sanctuaire était dédié à la déesse Déméter.[2] L'on enseignait aux initiés comment triompher de tous les pièges pour finalement parvenir aux Champs Élysées. Le culte était basé sur la trinité de la fertilité, dont la renaissance de la culture du blé. Tous les initiés préservaient les secrets religieux ou mystères d'Éleusis, la divulgation des rites était strictement défendue. Personne n'ayant trahi ce secret, aucun écrit ne document plus avant la précision de ces cérémonies.

Les cinq parties de la cérémonie antique consistaient en :

---

[2] Δημομήτηρ Dêmométêr, la mère de la Terre – devenue au XXe siècle la Terre-mère-Gaïa – Premier centre d'intérêt des esprits supérieurs, membre de l'actuelle véritable gouvernance mondiale.

1 - La purification préalable, elle concernait les aspirants à l'initiation. Ils étaient écartés de l'acte initiatique s'ils avaient manqué de prudence dans leurs paroles. Mais ils n'étaient pas repoussés, seulement soumis à certaines formes de purification.

2 - L'acte d'initiation, selon la tradition des doctrines sacrées, ou initiation concrétisée.

3 - Après la phase 2, l'individu obtient la pleine vision, ou degré de vison supérieur lié à l'initiation. Ce qui facilite d'autant l'essor du groupe des initiés et **la réussite de leurs plans à travers les âges**.

4 - Les phases 2 - et 3 - sont symbolisées par a) la ligature de la tête et l'imposition des couronnes, marquant la fin du cérémonial et b) ouvrant à la pleine vision du but à atteindre.

5 - Enfin, la recherche de l'approbation d'un dieu préalablement choisi était le couronnement final permettant de jouir de la félicité, consistant à vivre des relations étroites avec lui.

L'ASCENDANCE DES INITIATEURS

L'étape préparatoire à l'initiation était la confession obligatoire. En recevant la confession des individus, **les initiateurs** ou prêtres **renforçaient leur pouvoir sur eux**. Par la menace, ils s'assuraient aussi que les mystères du culte ne seraient pas trahis par les initiés. Par ce moyen, ils pouvaient être au courant de toutes les affaires intérieures de la cité et tirer de nombreux profits de cette ingérence.

Au cours du cérémonial de huit jours, les initiés participaient aux grands mystères par des bains rituels dans la mer, suivis de la procession solennelle, du jeûne et de la prise en main des objets sacrés du rituel ou du culte. La dernière étape avait lieu la nuit de l'Epopteia (feu éblouissant). C'était le moment du transfert symbolique d'une mort passée pour entrer dans une nouvelle vie douée d'une forme (mentale) d'immortalité en communion avec les forces de l'au-delà.

MIEUX DÉFINIR L'INITIATION

Pour mieux définir l'initiation, c'est tout à la fois un apprentissage – une connaissance – les préliminaires d'une science, d'un art, d'une doctrine… une admission à la connaissance de certaines choses secrètes – un ensemble de pratiques qui marquent l'entrée dans certains milieux – une cérémonie par laquelle un individu était enseigné à la connaissance et à la participation de certains mystères chez les païens.

Peut-on faire une analogie avec les divers types initiatiques contemporains ?

Certainement, sur le fond il s'agit d'une pratique perpétuée jusqu'à nos jours dans toutes les sociétés secrètes. D'une époque à une autre, les bases de l'initiation restent inchangées, seules quelques modalités diffèrent des rituels antiques. Au cours du temps, les coutumes rituelles et traditions ésotériques se sont diversifiées. **Elles ont changé seulement sur la forme, gagnant en subtilité, en finesse,** pour s'adapter à la culture d'une époque, d'un continent, d'un pays, pour interpénétrer une catégorie sociale particulière, pour atteindre un but bien défini…

CHAPITRE 2

LA PROFONDE INFLUENCE DE BABYLONE SUR LES CROYANCES ET L'INITIATION DU PLUS GRAND NOMBRE

À Babylone, il y avait cinquante temples. Le dieu principal était Mardouk, les triades de divinités occupaient une place importante (Sin le dieu lune – Shamash et Ishtar le dieu soleil étaient les maîtres du zodiaque...). Les Babyloniens croyaient à l'immortalité de l'âme, à l'enfer, ils pratiquaient la magie, la sorcellerie, le culte des morts, des idoles. Ils mirent au point l'astrologie pour découvrir l'avenir de l'homme dans la voûte stellaire.

Selon les Annales de l'historien romain TACITE, la divination était un élément fondamental utilisé d'abord et exclusivement par les rois, les princes, les grands dignitaires de chacun des royaumes et empires successifs depuis la Chaldée ou territoire de Babylone, la Perse, la Grèce, Rome, et finalement la double puissance anglo-américaine. Les hauts dignitaires grecs et romains acceptaient que le peuple puisse se joindre à eux pour pratiquer **l'art de la divination et de l'initiation**. Tandis que de nos jours sous le règne Anglo-américain, parmi l'élite des nations **ces deux pratiques sont organisées dans le plus grand secret, isolément du peuple et des médias.**

Babylone est connue pour ses mystères, étymologiquement – *myêsis* – *fermer la bouche* – du grec *musterion* – *initié*, ou myste – *celui qui initie au mystère* – l'origine des cultes liés aux mystères remonte à Sémiramis, reine de Babylone, régnant à l'époque d'Abraham. C'était une femme licencieuse et adonnée à de nombreux excès, elle se faisait adorer comme Rhéa, la grande mère des dieux. Les rites y étaient si odieux que l'historien grec HÉRODOTE en parlait comme de la capitale de la prostitution.

L'influence initiatique de Babylone s'est perpétuée tout au long de l'histoire, le culte de Sémiramis fut transposé 3500 plus tard en Grèce sur Diane d'Éphèse, également mère des dieux, considérée comme une vierge protectrice.[3] Une analogie évidente avec le culte marial (la vierge Marie), épicentre de la croyance catholique romaine fondée bien après le christianisme primitif, au troisième siècle de notre ère par l'empereur païen CONSTANTIN le grand.

Aujourd'hui, comme à l'époque de Babylone, l'immense majorité des mouvements religieux, culturels et initiatiques sont imprégnés de rites et croyances d'origine babylonienne.

L'IMPACT DE BABYLONE SUR LE CHRISTIANISME

Au troisième siècle, le christianisme se répand dans l'Empire romain. L'empereur CONSTANTIN se convertit au christianisme et fonde la religion catholique romaine. Pour pouvoir assurer la paix civile (Pax Romana) il toléra que les coutumes païennes, l'exact reflet de pratiques chaldéennes (babyloniennes) ancestrales, pratiquées par les pays d'alentour progressivement conquis par l'empire, puissent être entremêlées avec les principes immuables du christianisme originel.

---

[3] Voilà un autre exemple de transmutation alchimique – voir l'initiation au nouvel Ordre mondial impose la transmutation alchimique de l'esprit.

C'est ainsi que s'établirent les bases inchangées à ce jour du catholicisme incluant les croyances populaires **d'origine babylonienne** : Dogme de l'enfer de feu – de la trinité – de l'immortalité de l'âme – du culte de la Vierge – du culte des images et des reliques – de l'adoration des saints – de la pratique de la confession – de la fête des Morts – de Noël – de Pâques... Le protestantisme du 21ᵉ siècle n'est pas non plus exempt de traits babyloniens.

LE TRAIT DOMINANT DU PAGANISME BABYLONIEN RESTE L'ART DE PRÉDIRE LES ÉVÉNEMENTS

L'art de prédire, ou divination, est basé sur l'astrologie du zodiaque. Même si à notre époque l'aspect a changé, quel que soit le continent et la religion, n'est-ce pas le lot quotidien de la grande multitude des gens ? Par l'intermédiaire de nombreux supports (presse, radio, internet, émission de télévision, jeux...), par divers cheminements du conscient ou de l'inconscient, les prédictions du thème astral individuel occupent les esprits. Outre la pratique de la classe populaire, la majorité des dirigeants politiques y fait référence et consulte régulièrement un astrologue. Ils sont attitrés par l'astrologie pour définir les tendances générales de leur politique intérieure et l'évolution de la scène du monde à l'international. Les astrologues ont toujours conseillé les grands de ce monde, les révélations qu'ils ont faites aux souverains ont toujours nourri et influencé leurs pouvoirs d'anticiper le futur. Parmi eux :

SARGON, fils du roi de Babylone – Alexandre le Grand, appelé selon son astrologue NECTANEBO à dominer le monde – L'empereur romain HADRIEN et tous les CÉSARS – CHARLEMAGNE était particulièrement superstitieux – ainsi que Catherine de Médicis – RODOLPHE II de Habsbourg, l'empereur-alchimiste du Saint-Empire au XVIIe siècle... La grande majorité des dirigeants contemporains sont très attachés à la clairvoyance. Parmi eux, les chefs politiques et religieux de l'Inde – Nancy REAGAN – Georges POMPIDOU – François MITTERRAND – Le roi d'Espagne JUAN CARLOS. Hillary CLINTON et Nicolas SARKOZY sont tous deux conseillés par l'astrologue Meredith DUQUESNE, La liste est très longue…

Les leaders politiques et financiers attachés à la divination se refusent d'en parler

Si les chefs mondiaux de l'antiquité ne cachaient pas leur grand attachement à la divination, aujourd'hui la majorité des hommes politiques, des grands financiers… pratiquant l'ésotérisme et l'art divinatoire se refusent à en parler, il n'est pas de bon ton de s'épandre sur ce sujet. Le secret de cette pratique, comme celui de l'appartenance à une organisation occulte doit être préservé. Ceci est l'évidente démonstration que la recherche de l'art de prédire et la pratique de l'initiation mystique sont étroitement liées et qu'elles ont traversé les âges.

CHAPITRE 3

POINTS COMMUNS ENTRE LES RITES ANCIENS ET LES PRATIQUES INITIATIQUES ACTUELLES

Depuis 5000 ans, Babylone influence les rites religieux, initiatiques, de toutes les civilisations dominantes successives : médo perses, grecques, romaines et l'actuelle double puissance anglo-américaine. Depuis l'antiquité, la pratique de divers rituels a été perpétuée jusqu'à nos jours. Au XXe siècle, ils ont seulement varié de forme, pour devenir plus attrayants et apparemment plus anodins, alors que fondamentalement ils demeurent inchangés, gardant la même emprise sur l'individu. Selon les fouilles archéologiques et les textes disponibles, la Babylone antique est le berceau de toutes les religions ayant un fondement mystique.

Le remarquable livre d'Alexander HISLOP « *Les deux Babylones* », livre téléchargeable[4] – avec illustrations – quasiment inconnu du grand public, fait également le rapprochement indéniable entre les dogmes et mythes de la chrétienté et ceux conçus par les Chaldéens pratiqués à Babylone vingt siècles avant Jésus Christ.

---

[4] http://www.docstoc.com/docs/981127/Les-Deux-Babylones-par-Alexander-Hislop#

NIMROD, PUISSANT OPPOSANT À DIEU, FONDATEUR DE LA FRANC-MAÇONNERIE

Un autre chercheur, Albert MACKEY – 1807-1881 – médecin américain, que l'on connaît pour ses nombreux ouvrages sur la franc-maçonnerie, plus particulièrement sur les principes fondateurs maçonniques, précise dans son encyclopédie maçonnique que NIMROD[5] était un tyran et puissant opposant à Dieu, bâtisseur de Babel (le fondement de Babylone). Le rassembleur de toutes les populations pour détacher les hommes de la crainte de Dieu et oser le défier. Il fut le fondateur et le personnage central de la franc-maçonnerie.

DÈS LE 18ᴱ SIÈCLE, SE FORME LA TOILE D'UNE PUISSANTE ORGANISATION SECRÈTE ET SPHÈRE D'INFLUENCE

Dès le 18ᵉ siècle, de hauts dirigeants mondiaux se sont rassemblés pour constituer la toile d'une puissante organisation secrète et sphère d'influence à l'échelle mondiale. Au fil du temps, ils ont cherché à initier d'autres décideurs parmi l'élite du monde politique, financier, scientifique, économique. Tous se sont accordés pour soutenir l'ultime projet universaliste d'un nouvel Ordre mondial. Cet engagement individuel, ou initiation à cette cause suprême constitue le point d'ancrage à partir duquel s'organise le maillage de puissants réseaux d'influence et de corruption.

Sur cette base organisationnelle occulte, cette élite structure et assure chacune des étapes du parcours conduisant l'humanité à accepter une toute nouvelle gouvernance politique du monde. Pour engager chacune des hautes personnalités de la société

---

[5] En hébreu נִמְרוֹד du verbe maradh, dérive du verbe Mered, qui signifie « se rebeller. »

appelées à intégrer ce réseau d'influence, deux méthodes sont utilisées. La première est la diplomatie secrète, elle consiste à rassembler la partie la plus large de l'élite sociétale dont on a jaugé les capacités et aptitudes.[6] Les esprits supérieurs vont les soupeser pour s'assurer de leur utilité à soutenir les projets communs à un niveau positionnel de moindre importance, sis au troisième cercle, ou cercle extérieur de cette gouvernance.

INITIATION À VIE, FIDÉLITÉ ABSOLUE À LA CAUSE GRANDIOSE

Le même type d'évaluation se portera cette fois sur une partie plus restreinte de l'élite internationale, dont on estime la participation plus utile encore à la cause universaliste. Tout sera organisé pour les positionner et les fixer dans le deuxième cercle concentrique de l'actuel gouvernement mondial occulte, juste avant le cœur de cercle de **Bilderberg**.[7] L'initiation à la confrérie est la méthode finale qui permettra de les sceller à vie, par là même d'obtenir la garantie de leur fidélité absolue à la cause grandiose.

Pour cette forme d'initiation, nul besoin d'imaginer un cérémonial ténébreux ou macabre dans un vieux manoir, incluant d'obscurs personnages revêtus d'une longue cape rouge ou noire, prêtant serment devant un grand Maître des cryptes portant un masque de cuir sur le visage et tenant à la main une longue épée étincelante, murmurant lugubrement un requiem ancestral en langue morte.

---

[6] **Aaron Russo sur le 911, le CFR et Rockefeller**
https ://www.youtube.com/watch ?feature=player_embedded&v=SUTuzD52Wik
[7] **Le Groupe de Bilderberg**
http://www.syti.net/Organisations/Bilderberg.html

Inutile de projeter une scène similaire à celle d'un roman ou d'un film comprenant des initiés associés à de tels rituels et voués à une confrérie de cet acabit… Inutile d'épiloguer sur ce modèle de cérémonie, en pensant qu'il s'applique à tous les nouveaux membres de la véritable gouvernance mondiale.

L'INITIATION MACABRE SE PERPÉTUE POUR L'ÉLITE AMÉRICAINE NAISSANTE

Par contre, ce type d'initiation lugubre et sépulcral à la manière précitée, sur la base de rituels très spécifiques, se pratique et se perpétue depuis l'antiquité jusqu'à nos jours, surtout auprès d'une élite naissante d'étudiants américains, universitaires. Ces derniers sont initiés de cette façon, en nombre restreint, au sein des deux plus importantes organisations mystiques au monde. Dans ces repaires secrets, depuis le 18ᵉ siècle, les générations successives de seniors placés aux commandes des postes clés, fiance, commerce, sur le continent nord-américain et au sein de toutes les institutions internationales : ONU – OMS – OTAN – FMI – Banque mondiale – Banque des Règlements Internationaux – OMC… ont été initiées de façon macabre au sein de **SKB**[8] ou d'autres **sociétés secrètes**[9] de même type, au cours de leur séjour dans les universités.

---

[8] **Skull and Bones, l'élite de l'Empire**
http://www.voltairenet.org/article14367.html
[9] **Les universités américaines encore plus élitistes que nos grandes écoles ?**
http://www.franceinfo.fr/emission/question-d-education/2011-2012/les-universites-americaines-encore-plus-elitistes-que-nos-grandes-ecoles-04-17-2012-13

L'INITIATION SPÉCIFIQUE POUR LES MEMBRES DE LA VÉRITABLE GOUVERNANCE MONDIALE

Une deuxième forme d'initiation est spécifiquement réservée à l'élite mondiale du Bilderberg group. Elle est organisée généralement au cours d'un grand congrès, dans un lieu très privilégié. Tout ce beau monde, en costume cravate, verre de champagne à la main, se congratule dans une ambiance conviviale et intimiste au sein de très luxueuses salles privées, ou dans un des palaces entièrement mis à sa disposition. L'on y recherche l'harmonie de pensée, l'union intellectuelle, spirituelle. Les réunions prévues pour le passage initiatique sont relativement rares puisque cette démarche d'initiation est unique et parce que ces élites restent initiées à vie.

L'acte initiatique spécifique d'adhésion à la véritable gouvernance mondiale concerne pour partie annuellement les membres du troisième cercle, quant à ceux du deuxième cercle extérieur et du cœur de cercle le nombre d'initiations est très restreint puisqu' il est relativement stable d'une année sur l'autre.

DÉVOTION À GAÏA, AUX NOUVELLES NORMES D'UN NOUVEL ORDRE MONDIAL, UNE SIGNATURE MENTALE

Cette pratique ésotérique de haut standing est faite avec tout l'art de la séduction et de l'appel à une implication personnelle pour le but le plus noble qu'il soit, l'édification d'une nouvelle société humaine entièrement dévouée à **Gaïa**[10] et soumise aux nouvelles normes existentielles d'un nouvel Ordre mondial. De sorte que pour cette élite du deuxième, ou du

---

[10] http://mythologica.fr/grec/gaia.htm

29

troisième cercle, l'acte initiatique ne paraisse pas en être un. Tout est fait pour qu'aucun d'eux ne puisse conclure qu'il s'agit en finalité d'une emprise d'origine mystique, de nature possessive. La cérémonie est toujours brève et protocolaire, ponctuée d'un geste rituel apparemment anodin. Elle n'est en fait qu'un appel, qu'une signature mentale en garantie d'une fidélité absolue. C'est l'investissement de soi, sans aucune réserve, caractérisé par l'appartenance exclusive aux valeurs universalistes de la cause commune. La volonté de se mobiliser au service de l'organisation et par le serment du secret de ne rien révéler de ce qui pourrait nuire à la noble cause, à toutes les structures, à chacun des membres de la confrérie.

TOUTES LES GARANTIES NÉCESSAIRES POUR MENER À BIEN TOUS LES OBJECTIFS UNIVERSALISTES

Ce pacte donne toutes les garanties nécessaires à l'actuelle véritable gouvernance mondiale pour mener à bien tous ses objectifs. Telle une femme enceinte, cette gouvernance occulte porte en elle, à l'abri de ses entrailles, le projet parfaitement abouti d'un nouveau gouvernement du monde promis à un avenir exceptionnel et durable, dont les dernières étapes décisives pour permettre son instauration sont en cours de finalisation.

Le but de chacune des réunions, incluant ou n'incluant pas une cérémonie d'initiation, est avant tout de mettre en synergie la force mentale, l'intelligence, de chacun des participants pour permettre au groupe de se surpasser en produisant autant de fois que possible la plus fine des synthèses. Pour ce faire, ils œuvrent toujours de concert en tenant compte de la moindre carence ou erreur passée, sans jamais permettre qu'aucune fausse note ne puisse nuire à toutes les thématiques et applications utiles à l'avancement de leur projet universaliste.

LE MODE OPÉRANT DES ESPRITS BRILLANTS EST PROCHE DE LA PERFECTION

Le tétraèdre est son propre dual, car en joignant les centres des faces d'un tétraèdre régulier, on obtient un nouveau tétraèdre régulier. Du fait de son esthétique et sa symétrie, il fut pendant des milliers d'années le sujet d'étude de géométrie portant le nom de solide de PLATON, du nom du célèbre philosophe grec qui lui associait les quatre éléments, la terre, l'eau, l'air, le feu et le terme Quintessence, à l'identique des bases de l'alchimie. De même, le mode opérant des esprits brillants est proche de la perfection.

Les fidèles de la véritable gouvernance mondiale font totalement abstraction d'une quelconque forme d'ego, d'esprit d'indépendance, ou d'inutile revendication. Contrairement à une grande majorité de groupes ou de communautés, ils n'ont pas à subir la moindre forme d'obstruction, d'opposition, une des caractéristiques primaires du climat régnant parmi la plupart des autres rassemblements humains.

Chacun des initiés s'attache à développer toute sa capacité psychique, intellectuelle et spirituelle, exclusivement à l'entier bénéfice de l'assemblée de la cause grandiose. C'est ainsi qu'ils parviennent à développer une grande force de réflexion, de cohésion et de proposition.

Soit l'exacte correspondance avec la pleine vision (3^{e11}) permettant de finaliser tout ce qu'ils entreprennent. S'ils

---

11 La 3e, 4e b et 5e phase sont les degrés de brillance spirituelle qu'il leur est possible de franchir et d'acquérir après avoir été initiés – voir au chapitre 1 les cinq parties de la cérémonie antique – ceci est aussi le mode de fonctionnement d'un cercle de pensée,

finalisent si efficacement leur œuvre, c'est parce qu'ils savent aussi mettre en synergie et en perspective chacune des solutions avancées au fil de délibérations collectives précédentes. Parce qu'ils savent parfaitement utiliser et synthétiser toutes ces idées, ces concepts, ces données, afin de les projeter en une vision prospective d'ensemble la plus parfaite possible (4e b), digne d'honorer, de conforter, d'unifier, la confrérie et de procurer à tous les membres la félicité (5e).

---

ou think tank – voir en 4e partie, chapitre 11 – les cercles de réflexion des esprits supérieurs ou Think-Tank.

L'INITIATION REMONTE AU DÉBUT DE L'HUMANITÉ, AVANT BABYLONE, JUSQU'À LA FRANC-MAÇONNERIE

L'initiation remonte au tout début de l'histoire de l'humanité. Elle se pratiquait avant Babylone, également en Égypte première puissance mondiale. La pratique initiatique basée sur les mystères de la déesse égyptienne Isis s'est étendue en Grèce, par le culte de Déméter, la Terre-Mère et princesse de l'agriculture, jusqu'à la franc-maçonnerie et rose-croix de nos jours. La racine latine initiare – initium – se rapporte à une entrée – un commencement – une introduction à une communauté spirituelle. Le terme contemporain désigne aussi toute procédure – action – passage – épreuve – qui transforme le statut social d'une personne. Chaque espace culturel et pas forcément cultuel comporte des rites d'initiation.

Pour exemple, la devise actuelle de la ville de Paris « *Fluctua Nec Mergitur* » se rapporte à la navigation héroïque des survivants d'HORUS[12] et des initiés se déplaçant dans le secret des temples. Il existe une longue tradition orale, écrite et religieuse associant le nom de **PARIS**, à celui de la déesse ISIS. C'est un rituel d'idolâtrie propre à cette divinité. Il est matérialisé par un premier site religieux, un temple sur la rive

---

12 HORUS, Dieu protecteur est une des principales et des plus anciennes divinités. C'est le dieu de l'azur, il voit à travers le soleil et la lune. Il revêt deux formes : l'enfant suçant son pouce (Harpocrate pour les Grecs) ; ou un puissant dieu faucon. Souvent appelé le vengeur de son père. Fils posthume d'Osiris et d'Isis, il forme avec eux une triade (similitude avec les triades ou trinités des dieux babyloniens et avec la trinitaire de la chrétienté). Il devint le premier pharaon et les autres monarques après lui sont considérés comme son incarnation. Lors d'un combat contre Seth, il perdit un œil, mais le retrouva par la suite grâce à Thot. Appelé « Oudjat » cet œil représenterait la victoire du bien sur le mal. Porté en amulette, il rendait invisible et apportait la clairvoyance. Ce même œil d'Oudjat se retrouve principalement sur le triangle du billet d'un dollar américain, sur le triangle au milieu du tableau de la déclaration universelle des droits de l'homme, sur le nouveau logo européen de l'Euro groupe.

gauche (St-Germain des près). Le deuxième temple serait celui du dieu THOT (Hermès – Mercure) sur l'actuelle rue St Jacques, devenu l'église de Notre Dame des champs. Un troisième temple se rapportait à OSIRIS (Jupiter).

ISIS et THOT étaient considérés comme les messagers des dieux et gardiens des carrefours. César parle du peuple des PARISILI, les cartes du moyen âge mentionnaient « PARISIS » comme la zone englobant la ville gauloise de Lutèce (Lutetia-PARISIORUM en latin), d'où l'influence très ancrée du culte

La grande statue d'ISIS sur sa barque fut longtemps conservée dans l'église Saint-Germain-des-Prés, jusqu'à ce qu'un prêtre la détruise à coup de pioche au 18e siècle. La nef d'ornement des armoiries de la ville de Paris n'est autre que la barque d'ISIS. Aujourd'hui, un touriste curieux d'histoire demandera à quoi correspond le sphinx à tête de femme dans une cour de la rue du Cherche-Midi, sinon un élément du culte d'ISIS tel qu'il est pratiqué aujourd'hui encore dans la capitale, par plusieurs groupes ésotériques. Ce sont des initiés qui affirment posséder le pouvoir druidique du premier siècle. À date fixe comme le faisaient les druides, de hautes personnalités se réunissent dans la crypte de Notre-Dame, où jadis l'on adorait les dieux celtes, et après eux la déesse magicienne ISIS, probablement tutélaire de la ville. Si le druidisme est toujours actif à Paris, il l'est aussi dans le reste du monde.

NAPOLÉON 1ER FUT INITIÉ AU CULTE D'ISIS

Après la révolution et la prise du pouvoir par les Illuminati, ou esprits supérieurs, à son retour de la campagne d'Égypte Napoléon 1er fut initié au culte d'ISIS. Le Premier Empire se caractérisa par une importante densité de francs-maçons dans les rangs du pouvoir, parmi lesquels les maréchaux NEY, MONCET et MURAT… En 1811, BONAPARTE marqua son appartenance à ISIS en modifiant le blason de la ville de Paris.

Trois abeilles remplacèrent les fleurs de lys (*la fleur de lys étant à la base une forme d'abeille stylisée, pour les Égyptiens, l'abeille procurait protection au Pharaon*). Tandis que la déesse ISIS fut positionnée à la proue de la nef à la verticale d'une étoile, ouvrant la route sous sa protection. En 1817, Louis XVIII reprenant le titre de roi de France modifia à nouveau le blason par trop démonstratif du culte égyptien, lui redonnant son image originelle.

Ancien blason de la ville de Paris

LES RITES INITIATIQUES CONTEMPORAINS CHANGENT SEULEMENT DE FORME

Depuis les civilisations antiques, en passant par Adam WEISHAUPT fondateur du cercle des Illuminati, dès le XVIIe siècle les divers rites ésotériques, initiatiques, se perpétuent et s'amplifient, particulièrement au XXe et XXIe siècle, seulement en changeant d'aspect – qu'il s'agisse de :

➢ La franc-maçonnerie qui organise divers rituels (rite égyptien de Memphis-Misraïm, rite écossais ancien accepté…).

➢ Du cercle de rose croix, dont l'origine cérémonielle remonte au pharaon AKHENATON, s'inspirant de symbolismes et d'occultisme des religions anciennes.

➢ Des Skull and Bones – **SKB** – littéralement Crâne et os, connu sous le nom de Chapter 322 ou confrérie de la mort. La société secrète contemporaine la plus puissante et la plus prestigieuse d'Amérique du Nord, dont le siège est à l'université de Yale.

➢ Tous les adeptes et sympathisants de ces organisations secrètes, notamment les personnages les plus puissants de la planète, pratiquent l'initiation sous différentes formes, à titre personnel ou par Grands Maîtres, ou hiérarchie interposée.[13] Outre le souci de restaurer un environnement protecteur pour Gaïa la Terre mère, tous soutiennent la nécessité politique et philosophique d'un nouvel Ordre du monde, d'un nouvel âge (New Âge) pour l'humanité. Ils se positionnent donc directement ou indirectement en réel soutien à la cause grandiose si chère aux membres de l'actuelle véritable gouvernance mondiale pour laquelle ils s'impliquent sans réserve à la structuration d'une nouvelle structure du monde.

---

[13] Voir une double initiation en soutien à la structuration d'un nouvel Ordre mondial.

CHAPITRE 4

LES HAUTS DIRIGEANTS DU MONDE SONT DE FERVENTS ADEPTES D'ASTROLOGIE ET D'OCCULTISME

Hitler n'était pas seulement un paranoïaque obsédé de magie, il était aussi initié à l'Enseignement de l'**Ostara**,[14] l'école secrète de l'Inde, la science des Lamas. Il était animé d'une force occulte identique à celle de son demi-frère, un médium très célèbre à la belle époque. Très attiré par la magie noire, l'occultisme, l'astrologie, il avait un don médiumnique.

En mystique très superstitieux, il fit déporter les astrologues qui en 1942 lui avaient annoncé les premiers revers de l'armée allemande. Il ordonna aux services secrets du troisième Reich de retrouver la connaissance des Druides afin d'employer les courants telluriques facilitant la transmission d'ondes puissantes par le sol pour provoquer à distance des explosions et destructions considérables. Une technologie selon le principe électromagnétique des ondes scalaires, défini par Nikola TESLA, au 19ᵉ siècle (l'objet de notre livre « *les utilisations inimaginables de la force électromagnétique* »).

---

[14] **Ostara**
http://fr.wikipedia.org/wiki/Ostara

Sur ses ordres, des commandos-SS cherchèrent aussi le Saint Graal, ce qui inspira en 1989 le scénario d'Indiana JONES et la dernière croisade, le film de George LUCAS produit par S. SPLIBERG. Nul doute qu'il développa au paroxysme ces pratiques mystiques et paganiques, notamment l'astrologie, ce qui lui permit d'accroître sa force spirite. De toute sa paranoïa, il était persuadé de fonder et d'inaugurer à lui seul le millenium d'un nouvel Ordre mondial.

Depuis NIMROD, l'opposant à Dieu, parmi les puissants et les monarques qui se sont succédé, d'oligarchie en monarchie, en tyranie, c'est un objectif suprême aussi vieux que le monde. Au 20ᵉ siècle, nonobstant une ère d'ouverture à la démocratie, ce but allait seulement changer de main et de forme. Depuis l'époque babylonienne, dans toutes les civilisations successives, avec un regain depuis la renaissance, au cours du siècle dit des lumières, l'astrologie, une pratique divinatoire incluse parmi les sciences occultes, fut enseignée dans les universités. L'on promut ensuite les astrologues en ambassadeurs politiques à travers le monde. À chaque époque, ils ont eu leur place attitrée auprès des rois, des princes, des présidents.

L'OCCULTISME DU CÔTÉ DES TYRANS ET DES TOTALITAIRES

De tout temps, nombre d'hommes puissants se sont entourés d'astrologues, consultés ouvertement, ou en secret, par entourage, membre de la famille, interposés. Ils leur ont demandé de les orienter, ou de les guider dans leur choix politique, stratégique, financier et personnel. Napoléon, en 1810, avant la campagne de Russie, disait "*Je suis l'instrument de la providence. Elle me soutiendra tant que j'accomplirai ses desseins, puis elle me cassera comme un verre*".

Toute la carrière d'HITLER fut sous influence de sorciers, parmi lesquels Karl BRANDLER-PRACHT, conseiller en astrologie, qui a été consulté en secret jusqu'en 1937. Dès le début des années 20, l'astrologue le plus célèbre du IIIe Reich fut Éric HANUSSEN, Conseiller de GOEBBELS, d'HIMMLER, de HESS, puis d'HITLER. Après 1933, il dirigea le très officiel Institut de l'occultisme de Berlin, où il rédigea, à la demande du chancelier, les thèmes astraux de CHAMBERLAIN – CHURCHILL – DALADIER – STALINE ROOSEVELT – MUSSOLINI. Le malheureux HANUSSEN fut arrêté le jour où il prédit la chute du Reich...

Pendant la crise de Cuba, KHROUCHTCHEV consulte le devin MESSING. L'ère postcommuniste est aussi imprégnée d'occultisme, l'un des plus proches Conseillers du président de la fédération de Russie, Boris ELTSINE, était le général Dmitri ROGZINE. En 1995, les Nouvelles de Moscou révèlent que cet ancien espion nommait les dignitaires du régime en faisant tourner les verres et soucoupes dans son bureau, il rédigeait des horoscopes qu'il adressait à tous les hauts fonctionnaires du pays. Il installait la tête des lits au nord magnétique dans les diverses demeures présidentielles.

La Géorgienne Djouna DAVITCHAVILI dite *la Sorcière* est un autre *RASPOUTINE* officiel du Kremlin. À Moscou, son appartement est considéré comme l'une des antichambres du pouvoir. En astrologue et guérisseuse, elle soignait Leonid BREIJNEV par l'imposition des mains. Elle a été décorée par Boris ELTSINE pour sa *"contribution à la science alternative"*. Classée parmi les cinq personnalités les plus populaires de Russie, elle s'est même présentée aux élections législatives... Depuis quelques mois, Djouna se fait plus discrète, car en juillet 2009 le Kremlin a été nettoyé de ses mystiques, laissant place à une nouvelle génération de jeunes dirigeants plus attirés par les prévisions du Financial Times, démonstration de l'impact de l'ultra capitaliste en Russie. Néanmoins, Djouna joue encore un rôle important dans l'establishment moscovite, assure Vladimir FEDOROVSKI, écrivain russe, auteur du "*Département du diable, la Russie occulte d'Ivan le Terrible à nos jours* – chez Plon ".

L'OCCULTISME DU CÔTÉ DU MONDE RÉPUTÉ LIBRE

Les astrologues et voyants ont toujours fait partie des conseillers occultes de la présidence américaine. Franklin ROOSEVELT et Richard NIXON eurent successivement recours à Jeane DIXON, qui sut dès 1952 que KENNEDY serait élu, puis assassiné. Elle aurait également vu à l'avance la mort de GANDHI et de Martin Luther KING. Source l'historien Georges MINOIS, auteur de l'ouvrage intitulé « *Histoire de l'avenir, des prophètes à la prospective* – édit. Fayard ». Les mages, les devins et les pythies (invocateur d'un dieu pour prédire l'avenir, une pratique politique et religieuse courante dans la Grèce antique) sont intégrés à l'histoire de ce siècle. Les hommes politiques, même les plus réalistes, Jean JAURÈS, Aristide BRIAND, initié franc-maçon, et Georges CLEMENCEAU montrèrent leurs lignes de main à la célèbre chiromancienne madame FRAYA. En 1917, elle fut convoquée à l'Élysée par Raymond POINCARÉ, désireux d'entendre sa divination sur l'issue de la guerre. À Londres, de Gaulle consulta Barbara HARRIS, la voyante préférée de Winston CHURCHILL, également initié en franc-maçonnerie.

Parmi d'autres contemporains : Benazir BHUTTO – HASSAN II, initié franc-maçon – Nancy REAGAN qui a introduit les astrologues à la Maison-Blanche où ils organisaient jusqu'à l'emploi du temps du président. Aujourd'hui, Hillary CLINTON épouse de Bill,[15] initié franc-maçon et Druide du Bohemian's club,[16] « *converse* » avec feu Eleanor ROOSEVELT et feu le Mahatma GANDHI sous le contrôle d'une amie parapsychologue. Manfred WÖRNER, secrétaire général de l'OTAN, initié à la franc-maçonnerie anglaise, membre du Bilderberg, de la Trilatérale, pendant plus de six années jusqu'en

---

[15] Voir le rôle druidique de son mari Bill CLINTON au sous-titre – En quoi ce ne sont-ils pas des sorciers au sens populaire du terme ?
[16] Voir les principales organisations secrètes, source spirituelle occulte du N.O.M..

sa mort en 1994, consultât aussi Elizabeth TEISSIER la célèbre astrologue des puissants et des élites.[17]

L'OCCULTISME ET L'EMPLOI

La plupart des dirigeants de grandes entreprises privées ou publiques gèrent leurs ressources humaines selon les principes analytiques d'un sataniste. Chaque année, dans les pays occidentaux plus de deux millions de personnes candidatent pour un emploi. Espérant sincèrement bénéficier de toute l'objectivité nécessaire à leur recrutement, ces candidats doivent se soumettre au guide du MBTI, mais sans savoir de quoi il retourne vraiment.

C'est un instrument mis au point par JUNG, un spiritiste notoire que FREUD lui-même, médecin et père de la psychanalyse, pourtant adepte du pendule, avait finalement rejeté et désavoué – Avis *aux recruteurs de tous poils* !

---

[17] **La bonne étoile des chefs d'Etat**
http://www.lepoint.fr/actualites-societe/2007-01-26/la-bonne-etoile-des-chefs-d-etat/920/0/97703

CHAPITRE 5

LE SYMBOLISME EST LIÉ À L'INITIATION, AU SECRET, AU POUVOIR, À L'INFLUENCE DES MASSES HUMAINES

1 - DE FAÇON GÉNÉRALE, LE TRIANGLE DE LA TRINITÉ EST À LA BASE DE LA CROYANCE CHRÉTIENNE CATHOLIQUE.

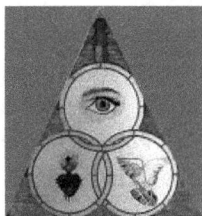

Cette figure représente officiellement la croyance chrétienne en la trinité. On la retrouve sur le dollar américain, sur le marbre au-dessus de la Déclaration universelle des droits de l'homme et parmi de nombreux logos commerciaux délibérément choisis dans cette forme...

La trinité est la doctrine fondamentale des religions de la chrétienté d'après le symbole d'Athanase, un patriarche copte d'Alexandrie du IVe siècle. Il est considéré comme le père de l'église copte orthodoxe et catholique et l'auteur d'une doctrine consistant à croire que Dieu, le fils de Dieu et l'Esprit saint sont trois personnes divines, chacune toute puissante et égale aux deux autres. Vers la fin du IVe siècle, cette doctrine avait pris forme progressivement sur plusieurs siècles et à travers bien des controverses.[18] *La formulation d'un Dieu en trois personnes n'a pas été*

---

[18] Selon The new Encyclopoedia Britannica, 1976, Micropaedia, tome X, page 126.

solidement établie, ni sans doute pleinement intégrée à la profession de foi chrétienne. Pourtant ses défenseurs ont toujours prétendu que cette énonciation et cette forme devaient porter le titre de dogme de la Trinité.[19]

Chez les pères apostoliques, les plus proches des apôtres de Jésus, on ne trouve rien qui rappellerait même de loin ce point de vue. The Encyclopedia Americana, 1956, tome XXVII, page 294 L - indique : « *Le christianisme tirait ses origines du judaïsme. Celui-ci était unitaire et présentait Dieu comme une seule personne. Ces termes de la philosophie grecque platonicienne, eux-mêmes issus de trinités plus anciennes, n'apparaissent ni dans le texte biblique, ni dans son enseignement* ». Par contre, les Babyloniens adoraient leurs dieux par triade, vingt-quatre siècles av. J.-C.

Quelles que soient la culture, la tradition, la religion, adoptée sur chaque continent, il faut bien reconnaître que la société humaine tout entière est placée consciemment ou inconsciemment sous l'influence du symbolisme religieux, superstitieux et marchand. Pour les organisations secrètes, le symbolisme est sciemment utilisé comme un support permettant de sceller l'acte initiatique. C'est aussi le principal médium leur permettant de recevoir la force spirite qui transcende leur esprit et leur intelligence. Par ce moyen, ils obtiendront tout à la fois, la claire vision « grand-angle » de leur projet et de leur champ d'action. Ils sont ainsi assurés du déroulement favorable de leur plan global et de la pleine réussite de chacun de leurs objectifs en cours de réalisation, sous le couvert du secret de leurs délibérations et par le consensus.[20]

Un processus ésotérique utilisé et éprouvé, fonctionnant sans faille depuis l'antique Babylone. Dès le 18e siècle, s'appuyant sur ce modèle de pouvoir, les esprits supérieurs se sont assurés d'être à même d'étendre leurs agissements sur la société humaine, en

---

[19] The new Catholic Encyclopoedia 1967.
[20] Voir la 3e partie de la cérémonie d'initiation antique au chapitre 1.

convoitant d'abord stratégiquement la nation ayant le potentiel à devenir la première puissance mondiale, les États-Unis d'Amérique.

DRAPEAU DE L'UNION EUROPÉENNE, EXEMPLE DE SYMBOLISME POLITICO-MYSTIQUE

A priori rien de spécifique

Le drapeau de l'Union et du Conseil de l'Europe existe depuis 1955. Il est décoré de 12 étoiles dorées sur fond bleu, une image choisie pour refléter la solidarité et l'harmonie entre les peuples (image de gauche). A priori rien de spécifique, mais si l'on recherche un rapprochement possible avec le symbolisme, alors :

➢ Le nombre 12 ne correspond pas au chiffre des 6 pays fondateurs de 1955. Le nombre douze pour différentes traditions représente la complétude et la perfection : les douze mois, les douze heures du jour et de la nuit, une horloge qui situerait une Europe adaptative et évolutive (*mauvaise pioche par rapport à la réalité*). Les douze signes du zodiaque, la loi des Douze Tables romaine, les douze travaux d'Hercule, les douze tribus d'Israël, les douze apôtres…

➢ Soulignons plus particulièrement les douze étoiles de Marie autour de la médaille miraculeuse sur les vitraux de la cathédrale de Strasbourg, un des deux sièges du parlement européen. Nul doute, c'est bien une référence à la vierge Marie. Ce que confirma plus tard Arsène HEITZ dessinateur du drapeau. Il s'est probablement inspiré d'une vision de Jean, de la révélation XII – verset 1. Celle d'un signe magistral avec une femme, mais qui n'était pas Marie.

➢ Elle est revêtue du soleil, la lune sous ses pieds et sur sa tête une couronne de douze étoiles, scène qui n'échappa pas à Robert SCHUMAN fervent catholique. Le projet d'adoption de ce modèle eut lieu le 8 décembre, jour de la fête de l'Immaculée Conception.

➢ Le bleu roi représenterait le ciel du monde occidental et selon un caractère religieux bien marqué c'était surtout la couleur de la vierge Marie et du culte marial qui convenait à SCHUMAN.[21]

➢ Cette adoration envers une féminité entre en relation avec deux autres formes féminines du culte païen antique – Sémiramis reine de luxure, monarque légendaire de Babylone – et Diane ou Arthemis d'Éphèse, fille de Zeus et de Léto, sœur aînée et jumelle d'Apollon. Diane née dans l'île de Délos, devint la déesse de la fertilité qui a pu nourrir l'ensemble de l'humanité grâce à ses seins très nombreux et engorgés du lait divin. De plus, elle protège toutes les périodes de transition dans la vie des humains.

➢ Les étoiles représentent les peuples d'Europe, avec un rappel, une perspective à un devenir meilleur si l'on avait le courage de regarder vers les étoiles.

➢ Le cercle, symbole d'ouverture au monde, n'est pas une nouveauté, car le premier drapeau des États-Unis comportait un cercle de 13 étoiles blanches sur fond bleu. Le milieu de la nouvelle droite y voit une symbolique maçonnique.

➢ Le nouveau logo européen de l'Euro groupe (image de droite) n'est pas fortuit, il intègre, en plus du premier

---

[21] Un des pères de l'UE, depuis 2004 en attente de béatification par l'Église catholique.

logo, l'œil d'Oudjat ou dieu Horus de la mythologie égyptienne. Voir plus haut – Points communs entre les rites anciens et les pratiques initiatiques actuelles.

En publicité, l'on utilise le triangle et l'œil d'Horus pour trouver de la chance, de l'harmonie et des proportions commerciales idéales grâce à cette divinité

C'est aussi un symbole de fécondité, de prospérité et de perspective financière. C'est pourquoi l'œil d'Horus se retrouve dans de nombreux logos, y inclus dans les formes triangulaires, trinitaires... Nous aurions pu multiplier les exemples de symbolismes appliqués surtout à la publicité. On les retrouve partout, pratiques religieuses, marketing, vie courante. Dans la majorité des cas, ils sont liés au mysticisme païen. Depuis la nuit des temps jusqu'à nos jours, les sociétés secrètes utilisent les emblèmes du paganisme, au cœur d'endroits insolites.

2 - LE SYMBOLISME SPÉCIFIQUEMENT RAPPORTÉ À LA STRUCTURATION D'UN NOUVEL ORDRE DU MONDE.

L'initiation au nouvel Ordre du monde impose la transmutation alchimique de l'esprit

En 1999, Stephen John STEDMAN, analyste politique, écrivit dans « Affaires étrangères » un article intitulé « *Alchimie pour un nouvel ordre mondial* ». L'analyse politique de l'auteur relative au symbolisme de l'alchimie va bien au-delà de la transmutation de la matière, elle comprend, avant tout, celle de l'esprit, pourquoi cela ?

Parce que la transmutation de la matière ne pourra se réaliser qu'après celle de l'esprit, de sa purification par détachement des valeurs morales classiques acquises par le plus grand nombre de gens, au fil des générations, opération dite de la Pierre philosophale. Voilà le sens des propos de STEDMAN, car avant que ne soit établi le nouvel Ordre du monde et par son truchement que ne soit entrepris la purification de Gaïa la Terre-Mère, le plan prévoit que s'opère une transformation des esprits, par un conditionnement intensif des masses humaines.

La pierre philosophale, au centre de l'alchimie, l'aboutissement du Magnum Opus

La Pierre philosophale, ou pierre des sages est le centre d'intérêt de l'alchimie. Elle représente l'aboutissement de ce qui était appelé le Grand Œuvre (Magnum Opus). Cette pierre serait le moyen capable de réaliser la permutation, ou transmutation des métaux vils, ou non précieux, en or, et l'extraction de la Panacée, la secourable déesse. C'est l'élixir prolongeant la vie, ayant pouvoir de guérir tous les maux et de rendre immortel celui qui en boirait. Au moyen âge, la Pierre était le cinquième élément, nommé alkahest, ou dissolvant universel de toute matière. Elle était capable de ramener tout corps à sa matière d'origine, la materia prima des alchimistes, mais sans être incorporable dans aucun contenant.

Les quatre éléments fondamentaux de l'alchimie sont la terre, l'eau, l'air, le feu.[22] La Pierre philosophale, au-delà de sa capacité purificatrice, de par son mode préparatoire indiquait et préparait le chemin de la transmutation pour que la matière devienne tour

---

[22] Une complétude d'éléments et une synergie de moyens attribuables au mode opérant de la véritable gouvernance mondiale – voir plus haut au sous-titre – Points communs entre les rites anciens et les pratiques initiatiques actuelles – l'exemple du tétraèdre.

à tour noire, puis blanche et enfin rouge, couleur de la royauté. En fin de processus, plus surprenant encore, la cendre morte issue de la transmutation renaissait grâce à l'apport de l'Air et de l'Eau, comme l'on peut l'imaginer pour la résurrection de corps physiques.

La pierre philosophale représente le cartel de l'actuelle gouvernance mondiale occulte qui a transmuté, dénaturé, toutes les composantes démocratiques

Sur la base de notre compréhension globale du sujet, la Pierre philosophale représente clairement les autorités à la tête de l'actuelle gouvernance mondiale occulte, ou pool d'esprits supérieurs. Lesquels, dans une première période, depuis le dix-neuvième siècle, avec l'objectif globaliste de refondre le système humain en place, ont transmuté, permuté, dénaturé, toutes les composantes démocratiques des États-nation représentant la gouvernance mondiale coutumière, traditionnelle.

COMMENT LES MEMBRES DU CARTEL ONT-ILS OPÉRÉ POUR DÉNATURER LA SOCIÉTÉ HUMAINE ET SAPER LES ETATS ?

Comment ont-ils pu le faire ? En fomentant et planifiant Révolutions et guerres – Manipulant les pouvoirs en place – Affaiblissant les États nation – Interpénétrant l'ultra capitalisme avec le communisme – Organisant un capitalisme occulte placé à la tête d'une finance parallèle – Libéralisant sans retenue la spéculation bancaire – Renforçant considérablement et instrumentalisant les institutions financières internationales, Banque Mondiale, FMI, OMC... – Introduisant les crises financières majeures de 1929 et enclenchant dès les années 1970 l'actuelle crise des crises – Mettant à plat l'économie mondiale afin de pouvoir à terme saper la souveraineté de tous les gouvernements du monde. Tout ceci afin d'instaurer rapidement entre autres formes de modélisation de la société globale, une nouvelle organisation économique, politique et environnementale du monde.

Henry KISSINGER, membre éminent du Bohemian's club – CFR – Trilaterale – Bilderberg – en parle ouvertement devant les médias américains lorsqu'il évoque dans un premier temps le besoin d'un nouveau système économique. « *L'ALENA est une pierre angulaire majeure du nouvel Ordre mondial* », pourquoi le dispositif ALENA, établi en 1994, est-il un élément porteur du projet universaliste ?

Parce que le Plan ALENA,[23] sous couvert de test d'ouverture économique transaméricaine, est à l'arrière-plan : 1) Un modèle économique à étendre à terme à tous les continents, une fois placés sous la domination du nouvel Ordre du monde. 2) Un dispositif clé utilisable si nécessaire pour isoler économiquement les autres continents. 3 Ou encore par le moyen du fractionnement de la zone euro soumise à la récession, à l'hyper endettement des Etats, aux contraintes drastiques du nouveau Traité commercial Transatlantique – TAFTA.[24]

---

[23] **L'Accord de libre-échange nord-américain (ALÉNA)**
http://www.international.gc.ca/trade-agreements-accords-commerciaux/agr-acc/nafta-alena/index.aspx ?lang=fra
[24] https ://www.laquadrature.net/fr/TAFTA

CHAPITRE 6

DANS UN DEUXIÈME TEMPS, LES PLANIFICATEURS DU NOUVEL ORDRE MONDIAL – N.O.M. – ONT PRÉVU DE PASSER RAPIDEMENT À L'EXTRACTION DE LA PANACÉE

Ils veulent faire croire à une guérison des nations par une purification de tous ses maux –terrorisme – guerres – dégradation rapide, désastreuse, de l'environnement – dissensions économiques, religieuses – solution à l'actuelle crise économique mondiale sans précédent… dont ils sont en grande partie les instigateurs. L'ONU malgré ses nombreux échecs antérieurs a été consolidée par le soutien du leadership états-unien. Ensemble, ils forment la principale souche permettant de proposer une union durable entre toutes les nations. Ses greffons sont les divers sommets internationaux pour la paix, pour l'unification économique, religieuse, pour les solutions climatiques…

LA MONTÉE EN PUISSANCE DU POUVOIR DE L'OMBRE DÈS LE 18E SIÈCLE

Ces projets passent nécessairement par une refonte totale de toutes les composantes coutumières de l'actuel système mondial. Y compris leurs opposants de la dernière heure, ramenant tous ces éléments en une seule matière (materia prima) au stade final de sa préparation, au niveau de phase la plus élaborée, lorsque la couleur de la matière permute au rouge. Le pourpre est le signe d'un pouvoir royal définitivement acquis, ayant capacité universelle de tout rassembler sous sa coupe souveraine. Il s'agit donc de fusionner l'ensemble des composantes traditionnelles issues de la succession de toutes les formes de gouvernance mondiale ayant existé depuis l'antiquité jusqu'à nos jours. De sorte qu'il y ait continuité, cohésion et surtout pleine opérationnalité de ce pouvoir occulte, précisément au 21ᵉ siècle afin d'assurer cet objectif final. C'est pourquoi pour être opérant en temps voulu il était nécessaire que la montée en puissance du pouvoir de l'ombre se produise dès le 18ᵉ siècle.

TOUT CE QUI A ÉTÉ TRANSMUTÉ PAR LE PASSÉ A PU RENAÎTRE DE SES CENDRES

Pour y parvenir pleinement, tout ce qui a été transmuté au cours des époques passées a pu renaître de ses cendres. Par exemple, la capacité politique et hégémonique de la puissance de Rome a pu être alchimiquement renouvelée, refondue et réintégrée à celle du pouvoir dominateur naissant de l'actuelle double puissance anglo-américaine – La philosophie grecque, le concentré de toutes les croyances et pratiques philosophiques et initiatiques ancestrales, à peine renaissantes au 18ᵉ, s'est nettement ravivée, étendue et amplifiée au 21ᵉ siècle – Les croyances et pratiques religieuses mystiques de l'ancienne Babylone et de l'Égypte antique sans se flétrir se sont perpétrées au cours des siècles.

Dès le 18ᵉ siècle, elles se sont singulièrement renforcées et répandues en tous points du globe, seulement en changeant d'aspect, en s'adaptant finement à tous les faux semblants de la modernité – L'ONU est ressortie des cendres de la SDN, mais sous la forme hideuse d'un mutant – Diverses organisations politiques, philosophiques, mystiques, au service de la véritable gouvernance mondiale, ont semblé disparaître, mais comme l'hydre,[25] elles reprennent vie sous une nouvelle configuration, une autre dénomination, tout en se renforçant... Voir les cercles de réflexion des esprits supérieurs ou Think-Tank – L'exemple de la Fondation St Simon & du think tank le Siècle.

LE MONDE A ÉTÉ FAÇONNÉ, CHAUFFÉ À BLANC – LA PIERRE PHILOSOPHALE IMPOSE À TOUS SON ITINÉRAIRE

Depuis les dernières décennies, la société humaine, soumise à cette structure mondiale ancienne et composite, constituée majoritairement de matériaux vils, a été à son insu insidieusement façonnée, chauffée à blanc dans l'âtre du creuset de l'actuelle gouvernance mondiale occulte. Au stade de la permutation finale en magnum Opus, les instances du nouvel Ordre mondial, en pierre philosophale dominante, ont dorénavant acquis illégalement toute capacité alchimique à devenir un tuteur universellement reconnu de l'humanité. Le fondement de sa sagesse holiste serait immortel sous l'effet de l'absorption de l'élixir de panacée. Cette organisation a su acquérir du côté des puissances de l'ombre une clairvoyance druidique et un infaillible, unique, statut de guide universaliste. Elle s'est arrogé le droit de tracer, d'ouvrir, et de jalonner la seule voie que l'humanité se doit d'emprunter. **Un itinéraire imposé à tous**, parsemé de pièges sournois **qu'une très grande majorité d'individus ne sait toujours pas discerner, ni éviter**. Une route toujours plus élargie sur laquelle les peuples et leurs chefs sont poussés à accepter l'absolue nécessité de l'instauration d'un nouvel Ordre du monde.

---

[25] L'Hydre de Lerne est une créature de la mythologie grecque antique, un serpent d'eau à corps de chien possédant plusieurs têtes, une d'entre elles est immortelle. Ses têtes se régénéraient doublement lorsqu'elles étaient tranchées. L'haleine soufflée par ses multiples gueules exhalait un poison radical, même durant le sommeil du monstre.

INITIATION ET IMPLICATION LUCIFÉRIENNE POUR LE NOUVEL ORDRE DU MONDE

LES DIVERS SYSTÈMES DE PENSÉE AFFIRMENT DÉTENIR LA VÉRITÉ

« *Personne n'entrera **dans** le Nouvel Âge sans subir une Initiation luciférienne. Personne n'entrera **au** nouvel Ordre mondial à moins qu'il ou elle fasse l'engagement d'adorer Lucifer.* »

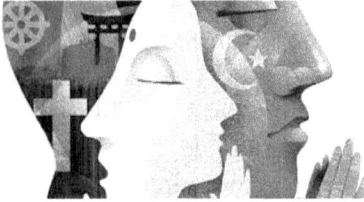

De prime abord, cette phrase de David SPANGLER, directeur des Initiatives planétaires, un projet des Nations Unies (ONU), semble tout aussi étrange que venue d'un autre âge. En l'analysant de plus près, il est question *d'entrer **dans** le Nouvel Âge ou New Âge*, dont le courant depuis le XXe siècle est très porteur. Cette introduction se caractérise par une approche spirituelle qui emprunte aux divers systèmes de pensée les thèses les meilleures conciliables entre elles (éclectisme). Cet ensemble hétéroclite au contact du dissolvant universel de la pierre philosophale est étonnamment transmuté. Il va donc rapidement s'amalgamer et se consolider en une doctrine unique soutenant que toutes les religions sont des projections et tentatives de l'homme à connaître « *le Divin* ».

Sous l'effet du dissolvant universel, chaque religion affirme posséder la vérité. C'est la doctrine antique de la théosophie et du New Âge, dont les cinq symboles sont dans un sceau incluant – l'étoile de David – l'Ankh – la Svastika – l'Ouroboros – et au-dessus du sceau, le signe de Aum. Dans leur ensemble, ces religions ne sont donc qu'une association hétéroclite de croyances, dont les leaders de chaque partie se targuent de détenir la vérité.

Symbole de la théosophie et du New Âge

Au milieu : 1 - l'étoile de David est le symbole du judaïsme, en son centre se situe 2 - la croix ansée des dieux égyptiens, entre la gueule du serpent et sa queue se positionne 3 - la svastika, ou croix gammée antique, dont l'origine remonte à Babylone (la religion babylonienne, Jean BOTTERO, presse universitaire de France 1952). 4 - le serpent ou dragon se mordant la queue représente le cycle éternel de la nature, en correspondance avec Gaïa la Terre-Mère, selon la philosophie grecque et druidique. Le signe d'Aum au-dessus de svastika est 5 - le symbole de l'hindouisme, du bouddhisme, du jaïnisme, du sikhisme, du brahmanisme. Ce signe est aussi la syllabe ou encore le son originel vibratoire des énergies cosmiques, il est présenté comme l'élément primordial à partir duquel l'Univers se serait structuré. Autour du sceau, il est noté « *qu'il n'y a pas de religion supérieure à la Vérité.* »

CHAPITRE 7

NEW ÂGE, LE COURANT QUI CONDUIT LA GRANDE MULTITUDE À ACCEPTER UNE NOUVELLE GOUVERNANCE DU MONDE

Le Nouvel Âge est un mouvement spiritualiste refusant d'être une religion ou une secte. Portés par son grand succès, les meneurs sont bien décidés à établir un gouvernement mondial empreint de justice et de paix sous l'égide d'un Messie revenu ou d'un Leader sublimé. Ce puissant parti se présente comme la synthèse, l'achèvement, de l'ensemble des religions et de toutes les prophéties. La quintessence de toutes les philosophies, une voie pour l'éveil de la conscience planétaire. Ce mouvement dit trouver la solution à tous les problèmes mondiaux, notamment environnementaux, et préparer tous les peuples à une nouvelle ère, un nouveau millénaire, un nouvel âge.

LA NOTION DE DIEU S'ESTOMPE, L'HUMANOÏDE PRIME ET DOIT S'HARMONISER AVEC GAÏA

Cependant pour atteindre ce but millénariste, les individus imprégnés de cette philosophie et dans l'attente de cet âge d'or, en affinant leur conscience, devront puiser en eux-mêmes les moyens, l'énergie, la sagesse d'y parvenir. Car la notion de Dieu s'estompe, l'humanoïde prime, se délivrant, se sauvant lui-même par son savoir, par le développement de ses facultés intellectuelles, seulement s'il accepte de les conjuguer, de les harmoniser avec les bio cycles de Gaïa la Terre mère, les autres espèces, avec le cosmos. Il se libère ainsi de toutes les attaches liées à un supposé auteur de la vie, aux contraintes de son propre corps, à un monde ancien. David SPANGLER d'ajouter " *Je vois le Nouvel Âge non comme une vision seulement, mais comme un esprit très réel* ".

UN MODE DE PENSÉE QUI ENVAHIT LE MONDE ENTIER ET INFILTRE TOUTES LES RELIGIONS

D'ores et déjà, ce mouvement mondial, produit de la contre-culture, qui plaît à bercer l'ouïe de chacun, est une sorte de fourre-tout, de catalogue très répandu dans les diverses couches de la société. Il comprend aussi des produits alimentaires, des thérapies, des stages pour apprendre à se relaxer (yoga) ou à se surpasser. Ce n'est donc ni une religion, ni même une secte stricto sensu. C'est un mode de pensée, une disposition d'esprit, un nuage changeant de forme au gré du vent, n'apportant ni pluie, ni ombre, néanmoins qui se répand et envahit le monde entier.

Les dirigeants du Nouvel Âge affirment que toutes les religions du monde sont déjà infiltrées et que plus de 10 000 organisations aux USA et au Canada travaillent pour eux. Pourquoi un tel engouement ? Parce qu'au-delà de l'attachement relatif à quelques principes fondamentaux, ne pas tuer, voler... cette pratique ne comporte aucune sorte de contrainte. L'on peut en faire ce que l'on en veut, quand on le veut, où cela se présentera. À tous les coups, c'est une formule de piété à la carte, bien arrangeante, apte à séduire rapidement le plus grand nombre d'habitants de la planète Terre.

Exemple de pratique New âge au cœur du système administratif américain, au sein du Conseil de la ville de Floride, dans l'agglomération de Miami, le 3 juin 2015[26] Traduction : « *Puissions-nous priez ensemble. Terre-Mère, nous nous réunissons aujourd'hui en votre présence salvatrice et glorieuse, afin d'invoquer vos conseils éternels dans l'univers, le Créateur à l'origine de toutes choses. Puissent les efforts de ce Conseil mélanger la droiture d'Allah* **avec la sagesse sans fin de Satan.** *Que Zeus, le grand Dieu de la justice, nous donne sa force ce soir. Jésus pourrait pardonner nos lacunes tandis que Bouddha nous éclaire par son affection divine. Nous vous louons Krishna pour le sacrifice sanguin qui nous a libérés. Après tout, si Thor Tout puissant est avec nous, qui pourrait jamais être contre nous ?*

Et enfin, pour la générosité de la logique, la raison et la science, nous remercions tout simplement les athées, les agnostiques, humanistes, qui représentent désormais 1 américain sur 5, et ce chiffre croit rapidement. Pour terminer, laissez-nous, avant tout, nous aimer les uns les autres, non pour obtenir des récompenses mythiques pour nous maintenant, plus tard, ou sur la base de menaces superstitieuses de la damnation éternelle, mais plutôt adopter les principes laïques à la base de la morale et faire le bien pour l'amour de Dieu. C'est ainsi que nous prions. Et alors ! Peston SMITH.[27]

LE NOUVEL ÂGE QUI REPOSE SUR L'ASTROLOGIE, LE SPIRITISME, REMONTE À LA NUIT DES TEMPS

L'on croirait le Nouvel Âge être seulement une mode anglo-saxonne récente, et pourtant il remonte à la nuit des temps. Il se rapporte aux plus anciennes traditions de l'ésotérisme et de l'occultisme, avec un penchant pour l'orientalisme, le bouddhisme et la réincarnation. C'est aussi le channeling, version renouvelée, modernisée, du spiritisme, ou révélations sur l'au-delà, incluant l'attente d'extra-terrestres. Le Nouvel Âge repose

---

[26] **Blasphemy!!! City council meeting praising Satan, Allah etc**
https://www.youtube.com/watch?v=BeBq9gLrnPo
[27] **Le conseil de la ville de Floride invoque Satan lors de ses réunions**
http://fawkes-news.blogspot.fr/2015/06/le-conseil-de-la-ville-de-floride.html

sur l'astrologie au plan universel, l'humanité passerait du signe des Poissons à celui du Verseau. Signifiant que le monde est en passe de se transformer et qu'il est à la fois vecteur et témoin de cette transition capitale.

Une version de la vision de l'évolution du monde en partie comparable à celle de la prophétesse grecque Sibylle, prêtresse d'apollon. Elle annonçait ses prophéties dans un langage énigmatique permettant de nombreuses interprétations, ce qui plaçait ses prévisions à l'abri de toute contestation ultérieure. Une interprétation de l'avenir ressemblant aussi à celle de la tradition des Mayas, annonçant aussi d'un changement radical et global à l'échelle mondiale.

UNE CUVÉE PHILOSOPHIQUE QUI ENIVRE, DÉSTRUCTURE, LES VALEURS JUDÉO-CHRÉTIENNES

C'est la cuvée philosophique très titrée du millénium, largement promue par les esprits supérieurs. Parce qu'elle enivre, puis déstructure rapidement les circonvolutions de l'esprit occidental, initialement si faiblement pénétrées des valeurs et des principes judéo-chrétiens. Une boisson à peine fermentée et finement aromatisée qui se révèle plaisamment au palais, jusqu'à griser l'esprit de la grande multitude des candides et des plus sceptiques. Ce breuvage est abondamment servi à tous les passagers à destination du nouvel Ordre du monde afin qu'une fois enivrés, sans en avoir l'impression, ils ne puissent percevoir la moindre indication du balisage signalant l'étape finale du transbordement d'un système à un autre.

LE NOUVEL ÂGE, LE COURANT QUI CONDUIT LES HUMAINS VERS LA GRANDE KERMESSE DU N.O.M.

Le Nouvel Âge est donc tout à la fois : 1 - Le courant éclectique néo mystique qui conduit la grande multitude des humains vers le parvis du N.O.M.. 2 - La célébration collective de la grande majorité de l'humanité à l'inauguration de cet Ordre lui-même, sous la forme d'une prochaine grande kermesse hautement festive. 3 - L'intégration individuelle à cette nouvelle structure autocratique supra mondiale, sans avoir à ce moment-là d'autre choix possible.

Pour ceux qui ont voulu en devenir volontairement partie prenante, David SPANGLER, l'auteur de la citation, directeur d'un projet de l'ONU, doté lui-même d'une bonne connaissance de ce milieu universaliste, *affirme que la clause impérative pour y entrer est d'adorer Lucifer et d'être initié à sa personne.* La condition impérative d'engagement luciférien relatée ici nécessite une analyse étymologique et scripturale sur la base de deux dictionnaires, le Robert et le Larousse.

LE TERME LUCIFER NE CORRESPOND EN RIEN À L'IMAGERIE POPULAIRE

Tous deux indiquent que l'origine du terme Lucifer ou luciférien ne correspond en rien à l'imagerie populaire d'une autorité régnant sur un monde souterrain en flamme aux prises de démons cornus, munis de fourches. La racine de l'expression provient du Latin lux – lumière et ferre – porter – porte-lumière. Tout à l'opposé de la tradition populaire fixée sur une notion de lugubres ténèbres impénétrables. Dans la vulgate latine le terme Lucifer – Lux – lumière – **porteur de lumière** – a pour origine le terme hébreu signifiant **brillant**. Ceci en référence au roi de Babylone qui voulut s'élever au-dessus des rois de la dynastie davidique.[28] Un monarque pétrit d'ambition qui voulut s'élever au-dessus des étoiles de Dieu, non pas celles de la Voie lactée, le contexte indiquant qu'il s'agit de rois de la lignée davidique.[29]

DEPUIS LE 18[E] SIÈCLE, MISE EN PLACE D'UN MODÈLE D'ÉBLOUISSEMENT POUR MASQUER LA TROMPERIE

Dans ce texte biblique de référence, repris par le Larousse, il est question du dieu de ce système de choses ayant la faculté d'aveugler l'intellect des humains. L'objectif consiste à voiler le mental de la population mondiale, afin qu'elles ne saisissent pas le sens du déroulement des événements mondiaux, cela nécessite de fonder une organisation tentaculaire disposant des moyens de mystification hors du commun applicables à l'échelle planétaire. Depuis le 18e siècle, c'est exactement sur ce modèle

---

[28] Livre biblique d'Isaïe 14 :12.
[29] livre biblique des Nombres 24 :17 – 1473 Av.n è. Livre de la Révélation 22 :16 – 96 de n.è. Ce dernier passage faisant référence à Jésus Christ, Prince royal de plein droit, descendant de David et unique, véritable, étoile brillante du matin.
Le Larousse se réfère aussi à un texte clé de la Bible : 2 Corinthiens 4 : 4, écrit en grec, langue commune de l'époque, datant de 55 de notre ère : « Chez qui le dieu (a) de ce système de choses (b) a aveuglé l'intelligence des incrédules, pour que la lumière de la glorieuse bonne nouvelle concernant le Christ, qui est l'image de Dieu, ne puisse percer. »
a) De l'hébreu Élohim, ou de nature divine par contraste avec ha Él Élohim, ou élim ha Él Élohim signifiant le Dieu (avec un D majuscule) unique, tout puissant, ou son Excellence le Dieu unique, tout puissant, de l'univers.
b) Du grec aïôn signifiant l'ensemble des idées, des tendances, qui ont cours à chaque époque de l'histoire, au sein du système mondial, selon le Dictionnaire grec-français par V. MAGNIEN et M.LACROIX de 1969, page 46.

d'éblouissement masquant la tromperie, utilisant entre autres moyens d'astuce le courant New Âge, qu'ont opéré les esprits brillants. Ceux-là mêmes qui sont placés à la tête de la gouvernance mondiale occulte.

INITIATION LUCIFÉRIENNE POUR CHAQUE MEMBRE DE L'ACTUELLE GOUVERNANCE MONDIALE OCCULTE

« Personne n'entrera au… » – 2ᵉ fraction de la citation – David SPANGLER, directeur du projet des Nations Unies (ONU) intitulé *« initiatives planétaires »*, avait une idée précise du sujet lorsqu'il précise qu'entrer **dans le** N.O.M.. nécessite tout d'abord une initiation luciférienne, puis imposer à l'impétrant *l'engagement d'adorer Lucifer*. Chaque individu désireux d'être un sujet ou un membre de l'actuelle gouvernance mondiale occulte, en passe de devenir le nouvel Ordre du monde, est tenu de s'engager à adorer Lucifer pour la vie. Tous les esprits brillants et leurs soutiens sont donc la progéniture de Lucifer et la composante de son organisation. Ils sont collectivement dotés de son esprit supra intelligent et sont animés des mêmes intentions possessives envers toutes les composantes animées et inanimées du monde, qu'ils considèrent n'appartenir qu'à Gaïa, la Terre-Mère.

Ces rites initiatiques relayés et signés par un pacte d'adoration luciférien ont fait l'objet d'une investigation approfondie conduite d'abord dans les années 1970 par Anthony SUTTON, complétée ici par les auteurs. Nous avons mis en commun les explications sur l'origine, l'historique, des rites initiatiques et les preuves officielles écrites s'y rapportant. Il en ressort que les organisateurs de chacun des projets et de tous les mouvements fallacieux visant à préparer le règne de la nouvelle oligarchie du prochain millénaire sont un seul et même corps. Ils sont tous initiés à des sociétés secrètes, ordres, cercles ésotériques divers et par là même signataires du pacte luciférien. La plupart le sont depuis leur jeunesse, principalement à SKB. Ces princes, ou esprits supérieurs, porteurs d'une lumière éblouissante, se sont engagés sur la foi du serment solennel de fidélité absolue à la cause grandiose de Lucifer. Par cette signature mentale, ils sont entrés *au nouvel Ordre mondial*, portés par l'esprit de leur père, pour y être scellés comme pierres vivantes d'édification et de structuration du futur nouvel Ordre du monde.

LE NOUVEL ÂGE EST TOUT À LA FOIS LE COURANT DE PENSÉE ET LE NOUVEL ORDRE MILLÉNAIRE DU MONDE

*« Personne n'entrera **dans** le Nouvel Âge* sans subir une initiation... » – 1ère fraction de la citation de David SPANGLER – cette fois le Nouvel Âge n'est pas situé uniquement en courant de pensée conduisant à un nouveau gouvernement mondial, mais comme le nouvel Ordre lui-même destiné à régner pour un millénaire, voire pour toujours. Une vision qui par le passé anima passionnément nombre de puissants et de despotes de cette Terre, Hitler par exemple, qui rêvaient eux aussi d'un nouvel Âge. Mais sans produire autant d'intérêt, ni d'engouement, parmi les peuples qu'à notre époque. Pourquoi ?

LES MASSES HUMAINES APPELLENT À UNE SOLUTION SALVATRICE ÉMANANT D'UNE AUTORITÉ SUPRA NATIONALE

Parce qu'aujourd'hui les conséquences d'une crise majeure tant économique, sociale, qu'environnementale, considérée insoluble par le plus grand nombre de gens et de chefs d'Etat augmentent chaque jour le niveau d'anxiété quant à l'avenir des nations et de la planète Terre. Cette appréhension du devenir de la société conditionne les gens à appeler consciemment ou inconsciemment à une solution salvatrice émanant d'une autorité supra nationale. Placées dans cet état d'urgence, les masses humaines ne discerneront pas que ce renouveau que propose allègrement ce pouvoir émergent n'est rien d'autre qu'un effet d'annonce. Qu'un rapiéçage de tissus politiques anciens et usés par les innombrables mensonges et insuccès répétitifs de l'histoire. Toutefois, il sera si habilement, superbement, mis en scène qu'il emportera l'adhésion spontanée du plus grand nombre.

DEPUIS LES ANNÉES 1930, LES CHEFS D'ETAT SOUTIENNENT L'AVÈNEMENT D'UN NOUVEL ORDRE INTERNATIONAL DE GRANDE ENVERGURE

En 1991, William SAFIRE, éditorialiste, rédacteur de discours présidentiels, prix Pulitzer 1978 écrivait « *C'est le bébé de BUSH, même s'il partage sa popularisation avec GORBATCHEV. Oubliez la racine du nouvel Ordre d'HITLER ; Franklin D. ROOSEVELT a utilisé cette expression avant lui* ». Ses propos témoignent du grand attachement qu'ont toujours porté de grands chefs d'État à l'avènement d'un nouvel Ordre politique international de grande envergure, assuré de pérennité.

Parmi les élites des nations, au sein de la gouvernance occulte, nombre de millénaristes sont toujours fascinés par la venue d'une nouvelle ère de paix, de prospérité, de sécurité, d'essor tant social qu'environnemental. Ils ont la certitude quasi paranoïde qu'un devoir politique suprême les appelle pour parvenir, par la ruse du désespoir de la situation paroxystique actuelle qu'on à subir les peuples, à l'imposer à tous.

Maintenant que le mouvement spiritualiste du Nouvel Âge a pleinement joué son rôle, que les conditions préparatoires à un Ordre innovant sont réunies que va-t-il se passer ? Il ne reste plus aux esprits supérieurs qu'à finaliser très subtilement leur manœuvre pour faire entrer la grande multitude **dans** l'ère de ce millénium. L'actuelle canalisation des masses humaines se fait donc en prévision d'une longue période de temps à venir durant laquelle les instances du nouvel Ordre mondial veulent modeler et contraindre toute l'humanité à vivre selon les critères holistiques de l'absolue obéissance. Voir en 4e partie – en quoi consiste la **Charte** du nouvel Ordre mondial.

L'ENGAGEMENT LUCÉFÉRIEN, NE SIGNIFIE EN RIEN LES TOURMENTS D'UN DIABLE

Quant à l'engagement luciférien qui est imposé pour introduire et sceller définitivement les groupements humains dans le N.O.M., inutile de se référer à l'inconscient collectif pour imaginer des scénarios populaires et farfelus. Nul besoin d'imaginer d'incessantes manœuvres et tourments nocturnes provoqués par un puissant personnage, un Diable dominant et omniprésent. Un être mi-homme, mi-dieu, à l'allure cornue. Il est parfois habillé d'une cape noire, tenant dans sa main une fourche affilée. Un tourmenteur bien décidé à jeter sur son passage une série de sorts à tout être humain, à quiconque oserait s'opposer à sa volonté, dont le contrecoup se traduirait par de grands malheurs.

Pour être exempté de ces calamités, il imposerait de se vouer à lui par un acte de totale soumission, précédé par une série macabre de rituels et sacrifices effrayants, sanguinolents, d'animaux ou de jeunes vierges. Ce cérémonial serait finalisé par l'obligation de lui prouver son appartenance, comme à un maître absolu, en apposant sa signature sur un parchemin en peau de bouc, avec une plume de hibou qu'il faudrait imbiber de son propre sang.

CONTRE TOUTE ATTENTE, BELZEBUTH EST UN ESPRIT BRILLANTISSIME QUI PROPOSE UNE VIE IDYLLIQUE

Il est vain d'envisager ce genre de scène fantasque, elle ne se présentera pas de cette manière. Belzebuth est contre toute attente un esprit brillantissime qui reste aussi discret que possible. Il se satisfait pleinement de son action en retrait de toute perception humaine, c'est assurément sa meilleure astuce tacticienne pour agir sans trêve. Forcément, il n'exige rien de tout ce que la tradition populaire a pu inventer au cours des âges. Tout au contraire, il a toujours invité tous ceux qui se sont écartés ou désengagés des commandements de Dieu à rejoindre le monde qu'il a façonné en système de choses entièrement soumis à sa volonté. Que les humains choisissent délibérément de le servir en soutenant de près ou de loin son organisation mondialisée, ou qu'ils semblent se rassurer en se positionnant dans une forme béate d'apparente neutralité, en définitive tous se placent sous sa coupe.

PROCHAINEMENT L'ANNONCE MIRIFIQUE DE L'INSTAURATION D'UNE NOUVELLE GOUVERNANCE DU MONDE

C'est pourquoi avec tout l'art d'une habile la séduction, il lui sera très facile de proposer à tous une perspective de vie idyllique. Prochainement, il utilisera ses représentants terrestres, à la tête des institutions supranationales, pour faire l'annonce mirifique de l'instauration d'une nouvelle gouvernance économique et politique du monde. Pour les incrédules, ce sera l'occasion d'y voir d'extraordinaires rayons de lumières multicolores aux nuances d'arc-en-ciel mettant en valeur la perspective d'un cadre enchanteur pour vivre une nouvelle ère de prospérité inespérée. Telles des phalènes brumeuses attirées par la lumière artificielle des villes, les humains dans leur grande majorité se laisseront immanquablement attirer et piéger par cette belle promesse de paix, de prospérité, pour les générations à venir.

Depuis le 18ᵉ siècle, les fidèles adorateurs du maître des apparentes ténèbres, placés à la tête de l'actuelle véritable gouvernance mondiale, en porteurs de lumière, s'empressent de rassembler toute l'humanité pour l'introduire dans l'ère du millenium. D'ici peu, il leur suffira d'inviter simplement les peuples angoissés et sans perspective à participer sans réserve à l'inauguration d'un nouvel Ordre universel.

L'INITIATION LUCIFÉRIENNE D'INTÉGRER LE NOUVEL ÂGE, C'EST SIMPLEMENT Y SOUSCRIRE, Y ADHÉRER

Pour pouvoir bénéficier de telles promesses, qui s'y refuserait s'il lui suffisait de s'acquitter d'une simple formalité administrative ? Qui se retiendrait d'accepter cette invitation et de participer pleinement à cette grande fête annoncée ? Pour la grande multitude placée devant ce choix, s'y opposer reviendrait aussi à priver les générations à venir de l'offre inespérée de bénéficier d'une merveilleuse perspective de vie sécuritaire, en parfaite quiétude, dans une ère de paix certifiée par cette nouvelle autorité universelle. L'actuelle véritable gouvernance mondiale, par institutions supranationales interposées, clamera si haut et si fort cette formidable opportunité qu'aucun humain, fut-il sourd de naissance, ne pourra se soustraire à son écho. L'initiation luciférienne pour intégrer le Nouvel Âge correspond donc simplement au fait

de se laisser bercer et convaincre par cette fausse promesse à venir, prenant forme d'effet d'annonce, d'y souscrire et d'y adhérer volontairement.

LA PERMUTATION DE L'ACTUEL ORDRE ANCIEN EN UN NOUVEL ORDRE DU MONDE, L'OFFRE DE LA PANACÉE

Cette invitation et la possibilité de réserver sa place pour rejoindre le cadre du millénium seront offertes à tout un chacun par les maîtres-alchimistes placés au summum de leur art, lors du Magnum Opus. C'est un bref laps de temps au cours duquel l'actuel vieil Ordre de choses sera permuté en un tout nouvel Ordre du monde. Cet apparent renouveau semblera offrir aux foules en liesse la panacée. Cette situation de nouvel idéal du genre humain se présentera aux masses humaines sous la forme rassurante de nouveaux textes de loi valorisés, sublimés, par un cérémonial majestueux.

Ils seront censés donner à cette nouvelle gouvernance **tous les moyens et la durée de temps nécessaires pour guérir définitivement l'humanité de toutes les sortes de maux qui la tenaillent actuellement et de ceux qui l'ont accablée depuis son origine**. Puisque les habitants du monde, superstitieux, naïfs, sont présentement dans l'attente de nouvelles solutions politiques globales et spontanées, toutes les conditions sont donc réunies pour que la grande multitude des peuples mêlés accepte de bon gré cette invitation exceptionnelle. Y compris ceux se prévalant du droit à rester politiquement, religieusement, idéologiquement, neutre en toutes circonstances, d'autant qu'ils n'auront pas la latitude de refuser cette offre mirifique.

LE FAUX SENTIMENT DE LIBERTÉ, DE NEUTRALITÉ

Aujourd'hui, de nombreux esprits avisés se croient assurés d'une entière liberté et neutralité en toutes choses. Ils affectionnent en particulier le sentiment d'être entièrement dégagés de toute emprise mystique, religieuse. Mais ils se leurrent, car toute la société humaine est sous l'influence quotidienne d'ésotérisme, de traditionalisme, religieux et culturel très diversifiés, imprégnés de mysticisme d'origine babylonienne. Tous ces rites, coutumes, habitudes, sont très enracinés dans les mentalités et les habitudes, même de ceux qui se réclament de l'athéisme, de l'agnosticisme, ou du rationalisme. Mais sans qu'aucun d'eux ne puisse discerner dans les contours de sa vie le degré de retentissement de ce type d'influence omniprésente, dominante, enveloppante.

LE SENTIMENT TROMPEUR DE LA LAÏCITÉ

Nombre de citoyens affirment, avec une grande volonté, leur attachement indéfectible à la laïcité. Ils pensent de cette façon pouvoir se prémunir de toute influence mystique. Axés sur ce théorème, ils ont l'impression d'être entièrement affranchis de toute approche de nature religieuse ou ésotérique. Il est tout aussi curieux de voir ces gens faire de grands efforts pour chercher à fuir l'influence de toutes formes d'idées et de mouvements religieux, alors qu'eux-mêmes pataugent en pleine mystification, sans même sans s'en rendre compte. Vouloir vivre en toute indépendance, sous couvert de laïcité, procure au citoyen la certitude de détenir un capital mental entièrement soudé à un libre arbitre incessible, bien ancré sur le fondement des valeurs de liberté individuelle. Un acquis apparemment impérissable, résultant en grande partie de la démocratie participative, basée sur les droits inaliénables de l'homme et du citoyen, passablement bien appliqués jusque-là. Ainsi, la grande majorité des individus se croit à l'abri de toute influence mystique, philosophique, politique.

L'IMPOSSIBILITÉ AU PLAN HUMAIN DE RÉSOUDRE LES IMMENSES PROBLÈMES QUI CISAILLENT L'HUMANITÉ

Casqués de cette protection, ils leur semblent plus aisé de pouvoir résister à toute attraction mal saine, quelle qu'elle soit. Un sentiment d'auto sécurité et d'autosatisfaction qui de surcroît semblerait donner intellectuellement une grande largeur de champ à tous ceux qui le manifestent. Ces autos-satisfaits sont assurés d'avoir le recul nécessaire pour tout analyser, y compris la marche des événements mondiaux, avec suffisamment de justesse, d'objectivité, en toute sérénité. Or, cette conformation d'esprit ne dénote qu'une confiance exacerbée en soi, qu'une surestimation de ses propres capacités. Un pack autocentré sur sa personne incluant sa sécurité matérielle présente et future, sa carrière professionnelle, sa vie affective, familiale, distractive… L'évidente démonstration que tout en se prétendant ouvert à d'autres analyses, l'on se refuse obstinément à gagner en compréhension, en intellection, notamment sur l'essentiel, l'évolution désastreuse du monde et l'impossibilité au plan humain de résoudre les immenses problèmes qui cisaillent l'humanité.

Parmi les gens, rares sont les modestes dotés d'une vue réaliste quant à l'enchaînement et l'anormalité des événements mondiaux cruciaux. Tous les autres ne réagissent que d'une manière restrictive, sans s'ouvrir, sans développer la capacité de réflexion. Quoi qu'il puisse arriver, ils ne chercheront pas approfondir la nature et l'origine des causes soulignant une société humaine aux prises avec autant de difficultés déconcertantes. La mesure de leur cœur symbolique[30] s'avère finalement tout aussi étroite que leur fausse impression de posséder une très grande force mentale. En ces temps déterminants pour l'espèce humaine, l'attitude générale ne consiste qu'à s'en remettre à son autonomie, qu'à la protection bien aléatoire de ses possessions matérielles, peut-être à la chance, à la destinée...

LA PLUS GRANDE MYSTIFICATION DE TOUTE L'HISTOIRE DE L'HUMANITÉ EST PLANIFIÉE

En observateurs expérimentés, les esprits brillants s'estiment immensément avantagés en observant l'autosatisfaction, le fatalisme, l'esprit d'indépendance exacerbé, le manque de perspicacité, de la grande multitude des humains pleinement persuadés de détenir une totale autonomie décisionnelle. Ils les toisent, les considérant comme un agglomérat d'esprits faibles et suffisamment malléables pour produire le moment venu une rapide initiation de masse. À cette fin, ils ont d'ores et déjà planifié la plus grande mystification de toute l'histoire de l'humanité. Elle inclura si besoin était des moyens supra techniques, que l'imagination et l'intelligence des hommes ne peuvent concevoir.

Tous ceux qui s'estiment forts et autonomes ne résisteront pas à la plus grande mystification de tous les temps. Comme tous les autres, ils se laisseront facilement séduire par un effet d'annonce proclamant qu'enfin tous les déboires de l'humanité ne seront bientôt plus qu'un vague souvenir. Qui oserait prétendre qu'au cours de l'histoire du monde, un seul des gouvernements, un seul des dirigeants, fut-il le plus capable, le plus sincère, a pu réunir et offrir durablement toutes les conditions d'une vie normale que chacun espère légitimement. Jean MISTLER (1897-1988), auteur

---

[30] Voir en conclusion « le cœur siège des sentiments, des affections, des pensées les plus profondes... »

et homme politique français, avait bien intégré ce fait « *La politique est l'ensemble des procédés par lesquels des hommes sans prévoyance mènent des hommes sans mémoire.* »

À notre tour de vous faire résonner. Des dirigeants de tous acabits ont dirigé la planète Terre et les faits démontrent que toutes sortes d'inégalités ont perduré. À certaines époques reculées, il était possible d'intégrer un modèle sociétal universel plus pacifié et humainement plus évolué. Pourtant, parmi les générations successives de hauts dignitaires politiques et religieux aucun d'eux n'a eu suffisamment de volonté, de compétence, de moyens, de temps, nécessaires, pour le concrétiser. À combien plus forte raison il faudra se défier et même redouter les extraordinaires promesses d'apaisement, de concorde, de perspective de vie meilleure, qui seront prochainement annoncées à grand renfort de communiqués exceptionnels. Elles prendront la forme de convaincants messages d'harmonie universelle, sous-tendus par des démonstrations éblouissantes mettant en valeur de nouvelles sources d'énergie non polluantes, inépuisables, accessibles à tous. Le cartel de l'actuelle véritable gouvernance mondiale osera prétendre écarter définitivement le désespoir provoqué par l'immensité des problèmes accablant actuellement la société humaine.

Depuis l'antiquité, parmi chacune des civilisations successives, sur tous les continents, dans chaque pays, l'humanité a connu toutes les formes possibles de gouvernance : Monarchie – oligarchie – Tyrannie – autocratie – despotisme – théocratie – aristocratie – anarchie – ploutocratie – gérontocratie – monarchie constitutionnelle – république – démocratie – technocratie, sans qu'aucune d'elles ne puisse jamais apporter de paix, de prospérité, d'équité, durables.

> ➤ **La monarchie** (du grec mono, seul et archein, pouvoir) est un système politique rapporté à une seule personne, le monarque, par voie héréditaire, ou par voie élective. Ce fut par exemple le cas des Gaulois qui élisaient leurs rois.

> **L'oligarchie** (du grec oligos, peu nombreux, et arkhê, commandement) est une forme de gouvernement par une classe dominante peu nombreuse, cooptée elle-même selon des critères flous. Elle s'exerça dans les sociétés anciennes.

> **Tyrannie** (du grec ancien τύραννος – týrannos) correspond à un individu disposant du pouvoir absolu, s'en emparant illégalement, le conservant au mépris des lois et régnant sur le peuple par la terreur. Cela se rapproche de l'autocratie, par exemple NIMROD fondateur de Babel, ou Babylone, et personnage central à l'origine de la franc-maçonnerie, était un tyran.

> **Autocratie**, un seul individu détient le pouvoir personnel et absolu, n'ayant aucune autre justification et légitimité que lui-même, par exemple dans l'histoire de la Russie impériale. Les monarchies ne sont pas, ou ne se disent pas forcément autocratiques. Louis XIV prétendait dépendre d'une entité supérieure (Dieu).

> **Théocratie** (du grec théokratia, de théos, dieu et kratos, pouvoir ou gouvernement) la légitimité de gouvernance est subordonnée aux lois écrites par Dieu (Ancien Testament). Exemple le règne de David, de Salomon son fils... Les rois rebelles à Dieu étaient défaits par la maladie, ou par les armées ennemies (récits nombreux dans l'Ancien Testament). Certains rois contemporains iraniens, ou chefs de l'Église Mormone de Jésus des derniers jours de l'Utah (USA) se réclament de la théocratie, mais qui n'en est pas une.

> **Despotisme**, synonyme de tyrannie, l'autorité est confiée à un individu qui règne avec un pouvoir politique absolu, de manière abusive au regard des lois. Toute personne est considérée comme son esclave, ceci est la première forme connue d'État et de civilisation. Le despotisme éclairé est apparu en Europe au 18ᵉ siècle. Les despotes inspirés par les idéaux du Siècle dit des lumières ☼, forçaient à la

réforme les systèmes politiques de leur pays. La révolution anglaise de 1688, et la fin du règne de Louis XIV en sont les premières conséquences.

☼ Tous les intervenants au siècle dit des lumières furent fondamentalement façonnés par l'ésotérisme très puissant des Illuminati et des francs-maçons. Le 18ᵉ siècle est une période mettant à l'honneur les glorieux, les brillants (lux, Lucifer – Porteurs de lumière) ou esprits supérieurs. Pourtant cette période que l'on pourrait croire illustre fut le socle ou fondement de toutes les Révolutions et guerres mondiales. Ce fut l'émergence de sociétés et/ou ordres mystiques, occultes, dont les racines vénéneuses très anciennes sont profondément ancrées dans la société humaine. Depuis, elles n'ont cessé de produire de puissantes ramifications, aujourd'hui ses branches sont chargées de fruits vénéneux couvrant toute la Terre. Cette organisation foncièrement malfaisante, structurée en réseaux, est devenue plus active et prolifique que jamais, dès le 20ᵉ siècle elle s'identifiait distinctement à l'actuelle gouvernance mondiale occulte.

> **Aristocratie** (du grec gouvernement des meilleurs) un pouvoir détenu par une élite, parfois une caste (division héréditaire, en groupes séparés, selon l'ethnie, la position sociale... Comme l'Inde de nos jours), une classe, une famille, ou une élite intellectuelle, ou nomenklatura russe.

> **Anarchie** (du grec αναρχία –anarkhia) une société sans autorité, ni pouvoir, ni domination, ni lois, mais ayant une capacité coercitive, punitive. C'est aussi le refus de tout principe directeur, le moteur du désordre social, quelquefois dans un but idéologique (anarchiste).

> **Ploutocratie** (du grec ploutos, richesse, kratos, pouvoir) l'argent est la base principale du pouvoir entre les mains d'une classe sociale limitée, d'où de fortes inégalités parmi les populations. La ploutocratie est un argument comparatif plutôt qu'un régime proprement parlé, mis à

part quelques cités grecques, et des États de l'Italie médiévale (Gênes, Venise, Florence).

➤ **Gérontocratie**, un régime politique exercé par des personnes les plus âgées de la société, investies par leur sagesse, exemple l'URSS, sous BREJNEV entre 1964 et 1982 ; les chefs indiens, GERONIMO...

➤ **Monarchie constitutionnelle**, le monarque est reconnu, mais la constitution du pays limite ses pouvoirs, il y a séparation des pouvoirs, exemple le Roi Juan Carlos d'Espagne...

➤ **République**, une forme constitutionnelle de l'État, incluant une représentativité du peuple, par opposition aux conceptions monarchiques.

➤ **Démocratie** (de corpus, ou ensemble de principes philosophiques et politiques) selon des règles élaborées, décidées, mises en application et surveillées par l'ensemble des membres de ce groupe, normalement sans exclusion, ni privilège.

➤ **Technocratie**, une forme de gouvernement, d'État, d'entreprise, où la place des techniciens spécialisés dans un domaine est centrale à la prise de décisions clés.

AUCUN DE CES MODES DE GOUVERNANCE N'A PU APPORTER UN BONHEUR DURABLE AUX DIVERS PEUPLES

Toutes sortes de politiques ont été essayées, aucune n'a pu satisfaire au plan humanitaire, sécuritaire, égalitaire, les besoins fondamentaux de toute la collectivité. Les réussites, selon l'époque et l'endroit, sont très partielles et ponctuelles au regard de toute l'histoire de l'humanité. Manifestement malgré quelques belles réalisations sociales et humanitaires qu'un leader, qu'un grand chef sincère, ait pu produire par le passé au cours de sa carrière politique, un élément essentiel lui a toujours fait défaut.

C'est l'assurance de pouvoir pérenniser son œuvre d'intérêt général. Il ne pourra jamais certifier que son action fut-elle bénéfique puisse être poursuivie après à sa succession ou après sa mort. Sa gestion positivée risquera toujours d'être remise en question.

LE 18ᴱ SIÈCLE SE CARACTÉRISE PAR LA MONTÉE EN PUISSANCE DU POUVOIR DES TÉNÈBRES

Les bienfaits et progrès apparents du siècle dit des lumières ne peuvent pas dissimuler la renaissance et la montée en puissance du pouvoir des ténèbres. Cette période se caractérise déjà durement par l'impact social des Révolutions, des luttes fratricides, des guerres de religions, des crises économiques. Indéniablement, l'accentuation de la violence, de la cupidité, de l'injustice, marquera les siècles suivants, le 21ᵉ est notoirement le plus obscur.

QUI PLACERA SA CONFIANCE EN DE FAUSSES PROMESSES DE SOLUTIONS GLOBALES ET DE PAIX UNIVERSELLE

Aujourd'hui quel individu, ou quel groupe, fût-il composé d'une élite intellectuelle, pourrait objectivement dire qu'il détient les capacités d'établir sur le long terme un nouvel Ordre de concorde, entre tous les peuples. Même si cette annonce monopolisait l'attention de tous en faisant l'objet d'une intense campagne médiatique, qui pourrait vraiment y prêter foi, y adhérer ? Et pourtant, c'est exactement ce type d'annonce que les esprits supérieurs s'apprêtent à diffuser habilement en direction de toute l'humanité.

Alors que les foules restent dans l'ignorance de stupéfiants préparatifs élaborés parallèlement à la scène médiatique et politique coutumière, de leur côté les esprits supérieurs s'empressent d'organiser un gigantesque feu de la Saint-Jean, une fête extraordinaire pour l'inauguration d'un tout nouveau gouvernement du monde. Ce jubilé comprendra une série d'artifices si bien conçus et si habilement mis en scène que l'humanité angoissée, en mal d'allégresse et de perspective y accordera spontanément un vif intérêt. Une fois éblouies et réjouies par un tel cérémonial, les foules ne penseront à rien d'autre qu'aux réjouissances du moment. Elles raviveront l'espoir maintes fois refoulé de voir se concrétiser rapidement les conditions d'une vie meilleure.

Nous sommes attristés de vous dire qu'une infime minorité avisée réagira prudemment à ce moment-là, refusant de participer sous quelque forme que ce soit à cette célébration magistrale. À ce stade, la grande majorité des gens n'aura pas su discerner où l'entraînera l'esprit de fête du moment enflammé par les mirobolantes promesses sociopolitiques tirées à blanc.

Conclusion : en étudiant et recoupant des faits historiques peu connus du 18e siècle, il est d'ores et déjà possible de projeter quelles seraient les conséquences qu'aurait à supporter la société humaine si elle devait être administrée par les maîtres lucifériens, experts dans l'art de la tromperie.

CHAPITRE 8

QUEL A ÉTÉ LE POINT DE DÉPART DE TOUTES LES RAMIFICATIONS IMPÉNÉTRABLES VISANT À SOUMETTRE LA SOCIÉTÉ HUMAINE

Ω - « *Depuis les jours de Adam, alias spartiate, WEISHAUPT*[31] – *Karl MARX – TROTSKY – Rosa LUXEMBURG* (Allemagne) – *Emma GOLDMAN (USA),* **ce complot mondial pour la destruction de la civilisation et pour la reconstruction de la société** *sur la base de l'arrêt du progrès, de la malveillance envieuse et de l'impossible égalité,* **s'est puissamment développé.** *Il a joué un rôle nettement reconnaissable dans la tragédie de la Révolution française. Il a servi de moteur à tous les mouvements subversifs au cours du XIXe siècle. Et maintenant, enfin, cette bande de personnalités extraordinaires, cette pègre du monde souterrain des grandes villes d'Europe et d'Amérique a agrippé aux cheveux le peuple Russe, et il est devenu pratiquement le maître incontesté de cet énorme empire ».*

En 1922, par ces quelques phrases Winston CHURCHILL, premier ministre de Grande-Bretagne de 1940 à 1945 et de1951 à 1955, avait brossé le tableau des principaux événements qui en s'enchaînant les uns aux autres allaient conduire à la dégradation des conditions de vie, jusqu'à l'actuelle crise économique majeure. S'ensuivrait une période de transition troublante marquée d'un côté par la fin d'une civilisation, et d'un autre côté par l'annonce d'un formidable renouveau de société.

---

[31] Fondateur des illuminés de Bavière, organisation finement refondue qui aujourd'hui sévit plus que jamais, notamment parmi les dirigeants du G20.

Pourquoi Winston CHURCHILL marqua-t-il un point de départ à un complot mondial, marqué par l'arrêt du progrès[32] en le personnifiant au travers d'individus extrémistes, mystiques et animés d'un esprit révolutionnaire, qui ne se connaissant pas, mis à part Rosa LUXEMBURG et TROTSKI ?

Pour pouvoir répondre intégralement à cette question, il faut étudier successivement le système pyramidal Illuminati, ou esprits supérieurs – Le symbolisme lié à l'initiation, au secret et au pouvoir (voir plus haut). Examiner les sous-titres développés ci-après : – L'extension du pouvoir des esprits supérieurs s'étend vers les États-Unis par le maillage des principales strates de la société nord-américaine – Le fonctionnement initial et actuel du secret de la délégation de pouvoir – L'influence et les méthodes des initiés pour politiser et fanatiser les populations.

ADAM, ALIAS SPARTACUS, WEISHAUPT, POUR UNE FAMILLE HUMAINE UNIVERSELLE, À L'ÉTAT DE NATURE

Le premier personnage, cité par Winston CHURCHILL est Adam, alias Spartacus, WEISHAUPT, né le 6 février 1748, à Ingoldstat en Allemagne, juif d'origine, éduqué par l'ordre des Jésuites sur la base de solides enseignements de solidarité, de moralité, de vertu. Malgré ces bons principes directeurs, à vingt-deux ans, il renia sa nouvelle religion et s'introduisit dans le dogme manichéen dans lequel il fut initié.[33]

---

[32] Concrétisé par la montée en puissance de l'occultisme dès le 18e siècle – plus tard par l'abrogation des accords de Bretton Woods – et par l'assèchement de l'économie réelle.

[33] Rappel : une initiation est (du latin initiare, initium) un commencement, une entrée, introduction à la communauté spirituelle. Celui qui reçoit l'initiation est ainsi admis aux activités particulières d'une société, d'une association, souvent secrète. Le terme désigne aussi, de nos jours, toute procédure, action, passage, épreuve, qui transforme le statut social ou spirituel d'une personne. Un rite qui fut pratiqué depuis l'ancienne Égypte (mystères d'Isis), puis dans l'ancienne Grèce (Éleusis, Déméter).

Pour cela, il étudia pendant cinq ans les anciennes religions issues du paganisme et devint familier des théories d'un Grec mystique et mathématicien nommé Pythagore. Ainsi, il s'orienta vers un modèle de nouvelle société secrète. En Allemagne, le contexte lui fut favorable, car la mode était à l'ésotérisme[34] sous l'influence directe du roi de Prusse FREDERICK le Grand, adepte de l'occultisme.[35] De 1767 à 1783, ce roi établit à la tête de la bibliothèque publique royale Antoine PERNETY. Ce dernier y rencontra nombre d'occultistes, le célèbre comte de Saint-Germain très versé en alchimie, GRABIANKA et BRUMORE, avec lesquels il fonde en 1784 le cercle théosophique – alchimique – (réputé à tort maçonnique) sous le nom d'Illuminés d'Avignon.

Selon WEISHAUPT toute civilisation était une erreur, idée proche de VOLTAIRE, pour lui l'homme devait retourner à l'état de nature. L'on retrouve ici la philosophie grecque de Déméter ou culte de Gaïa la Terre mère si chère aux esprits supérieurs. Pour lui l'amour de Dieu, du pays, et l'amour de la famille doivent déboucher sur une haine intense du Christ et très paradoxalement sur un vaste concept d'amour pour une famille humaine universelle et harmonieuse. L'humanité est empêchée par le christianisme, le patriotisme et l'amour de la famille. Elle

---

De nos jours, la grande majorité des groupes cultuels pratiquent l'initiation, parmi eux les peuples premiers (aborigènes), les francs-maçons… Les rose-croix sont initiés selon une doctrine ésotérique d'origine gréco-romaine liée au dieu Hermès-Trismégiste, lequel est grandi trois fois. Un nom se rapportant aussi au dieu égyptien Thot, une divinité lunaire qui capte la lumière lunaire et qui en régit les cycles, au point d'être surnommé le seigneur du Temps. Il est représenté par un ibis noir ou blanc ou par un babouin. C'est la même doctrine occulte trismégiste qui est pratiquée par les alchimistes.

[34] L'ésotérisme désigne un ensemble de mouvements et de doctrines relevant d'un enseignement caché, accessible dans la plupart des cas uniquement par l'intermédiaire d'une initiation.

[35] L'occultisme, mot apparu en 1842, correspond à un ensemble de sciences occultes couramment pratiquées : baguette de radiesthésie, table tournante, cartomanciennes, géomancie, planchette ouija… des courants mystiques animés par les forces mystérieuses du cosmos, de l'au-delà.

se doit de revenir à l'état de nature décrit par ROUSSEAU pour lequel il éprouvait une certaine admiration.

En s'affranchissant de ces contraintes, de ces maux, le monde atteindra sa plus haute perfection et développera, via la doctrine manichéenne,[36] la capacité de s'autogouverner. Une philosophie proche de l'holisme – la tendance à trouver, à constituer, dans la nature, au travers de l'évolution de la matière et des espèces, des ensembles qui sont supérieurs à la somme de leurs parties – la tendance de l'univers à construire des unités structurales de complexité croissante, mais formant chacune une totalité, un tout – c'est l'holisme.[37] Un concept proche de l'animisme (du latin animus, originairement esprit, puis âme) qui est la croyance en une âme, une force extérieure, animant non seulement les êtres humains, mais également les animaux et les éléments naturels (pierres, arbres, vent...). Ces âmes ou ces esprits suprêmes peuvent agir sur le monde d'ici-bas, de manière bénéfique ou non, et il convient donc de leur vouer un culte. Des sociétés extrêmement diverses situées sur tous les continents sont caractérisées par l'animisme, se rapprochant du chamanisme, le dieu de la terre est invoqué dans ces deux courants. S'ajoute un troisième courant, le druidisme,[38] dont se sont imprégnés les membres du **Bohemian's club** - BC (7).

---

[36] Une philosophie qui exprime une manière de voir ou de juger simplificatrice, dénuée de nuance, en termes opposés de bien et de mal. C'est un courant bien décidé à fonder la religion universelle en réunissant en une doctrine unique les principales bases de croyance des diverses religions du monde. Au Bouddhisme, il empruntera la théorie de la transmigration des âmes – au Zoroastrisme, le dualisme de la lumière et de l'obscurité – à la religion chrétienne, le rôle éminent attribué à Jésus Christ, à l'Esprit saint – c'est aussi une série de mythes.

[37] Pour holisme relativement à mondialisme, voir en 4e partie – En quoi consiste la Charte du nouvel Ordre mondial.

[38] Pour druidisme et BC, voir – Les principales organisations secrètes, source spirituelle occulte du N.O.M..

L'ORDRE DES ESPRITS SUPÉRIEURS, UNE INTELLIGENCE DE NATURE SPIRITE, BIEN SUPÉRIEURE AUX AUTRES HOMMES

WEISHAUPT, financé par la richissime corporation maçonnique de Frankfort, créa le 1er mai 1776 une organisation qu'il nomma l'Ordre des illuminés, ou illuminati. Plus précisément, selon la définition des auteurs, il s'agit de "*l'ordre des esprits supérieurs*". Il englobe tous ceux qui, après leur initiation aux rituels de la confrérie, reçoivent un trait d'intelligence de nature spirite, laquelle est bien supérieure à celle que possèdent les autres hommes. À l'époque, ils étaient divisés en 13 grades, symbolisés par les 13 marches de la pyramide représentée notamment sur le billet d'un dollar américain. La version officielle décrit la figure de la pyramide comme une représentation de la nation américaine forte et faite pour durer. Les 13 étages seraient aussi les 13 colonies à l'origine du fondement des États-Unis. Ce symbole aux treize marches apparaît depuis 1933, au début du New Deal (réformes de la nouvelle donne), sur ordre du président Franklin D. ROOSEVELT, très attaché au symbolisme puisque lui-même initié et parvenu le 11 octobre 1911 au plus haut niveau (grade) de la franc-maçonnerie anglaise (Grand Lodge of Free and Accepted Masons of Pennsylvania.)

ILS ONT BESOIN D'UN SUPPORT MATÉRIEL POUR TIRER FORCE DE L'ESPRIT

Sans le savoir vraiment, ce président en faisant apposer ce sigle sur la monnaie a indirectement favorisé l'implantation et la diffusion du signe de reconnaissance nécessaire aux esprits supérieurs, pour œuvrer aux États-Unis, et à partir de là sur le monde entier. Car pour pouvoir obtenir la direction et tirer la force spirite d'accomplir avec succès leur projet universaliste, ils ont besoin d'un support matériel. De préférence un signe de reconnaissance le plus discret et le plus largement répandu, idéalement le billet du dollar US le plus diffusé dans le monde. Un lien à partir duquel ils reçoivent l'esprit et la puissance qui les transcendent, identiquement à l'animisme.[39]

Tout comme le sourcier a besoin d'une baguette de bois d'une certaine variété d'arbre (noisetier), en forme d'Y pour trouver de l'eau – Comme le radiesthésiste ne peut opérer, ni retrouver quelqu'un sans avoir sa photo, ni guérir sans son pendule, sinon l'esprit ne le guidera pas. La police connaissant ce mode opératoire fait quelques fois appel à l'un d'eux pour retrouver une personne perdue – Comme ceux qui sollicitent le contact avec un être disparu au moyen d'un objet ayant appartenu au défunt – Ou ceux qui réalisent une œuvre d'art spiritiste au fusain ou à la peinture en se faisant guider par les pulsions (transe) directionnelles de l'écriture automatique – Comme la tireuse de cartes ou le joueur de tarot n'utiliseront qu'un jeu de cartes spécialement illustré pour prédire l'avenir – Comme le directeur général de FACEBOOK ne se sépare jamais de son sweet-shirt…[40]

Plus rudimentairement, les amateurs de table tournante prendront cet objet pour avoir un échange approximatif avec l'au-delà – D'autres vont solliciter les esprits de les guider avec grande précision. Pour cela, ils utiliseront une planchette de bois, dénommée Ouija comportant les lettres de l'alphabet égyptien, les 10 chiffres Mayas et un raccourci en oui et non. Une marque déposée par le fabricant de jouets Parker, qu'il n'a pas choisie par hasard, grâce à laquelle il a fait un énorme bénéfice en vendant

---

[39] Une croyance monothéiste qui ne diminue en rien la religion au sens large. Au contraire, elle étend ses pratiques et ses croyances diversifiées aux relations quotidiennes avec la nature et ses divinités. L'animisme élimine les frontières entre le monde animé et inanimé. Elle place à sa base les expériences sociales et théologiques, désigne des forces spirituelles en mutation qui aident tout initié à développer une conscience spirituelle très élargie.

[40] **Mark Zuckerberg Illuminatis**
https ://www.youtube.com/watch ?feature=player_embedded&v=zuitIeQy1a4

plus de 25 millions de coffrets. Voir plus bas le rapport à faire avec l'œil de la mythologie égyptienne ayant influencé Napoléon et bien d'autres avant lui. L'œil qui voit tout, qui sait tout, celui d'Oudjat, symbole également utilisé par les esprits brillants.

Sur la partie gauche du billet d'un dollar, la base de la pyramide sur laquelle est positionné l'œil d'Oudjat ou d'Horus porte l'inscription romaine MDCCLXXVI, le 4 juillet 1776. Est-ce l'année de la déclaration d'indépendance américaine ou encore l'année de la fondation de l'ordre Illuminati le 1ᵉʳ mai 1776 ? Sur ce même billet, l'on y trouve deux mentions latines plutôt singulières : NOVUS ORDO SECLORUM signifiant littéralement : Le nouvel Ordre pour les siècles. Et ANNUIT CŒPTIS signifiant : Approuve les plans qui ont été entrepris. Dans le contexte Illuminati, cela signifie : notre projet sera couronné de succès.

L'œil de la providence, ou œil d'Horus, figurant au sommet du triangle pyramidal du billet d'un dollar, apparaît également dans le document originel de Déclaration des droits de l'homme, cette fois l'œil est situé au centre du triangle trinitaire qui est positionné au-dessus du marbre sur lequel est gravée cette déclaration dite universelle. La représentation d'un ange tenant à la main une baguette pointée vers ce triangle est censée représenter officiellement Dieu omniscient.

Or comparativement à toutes ces formes du symbolisme occulte, les Tables de la Loi ou dix paroles données par l'intermédiaire d'anges (Galates 3 : 19) ne comprenaient aucun symbole ésotérique. Elles résumaient simplement plus de six cents lois et principes directeurs de même valeur transmis ultérieurement à Moïse. Elles forment un code juridique et moral complet sur lequel s'inspire et se base le document humain dit de la « *Déclaration universelle des droits inaliénables de l'homme* ». C'était tout simplement un texte en hébreu gravé sur deux tables de pierre pour faire connaître à tout un chacun l'enseignement divin. Cela suffisait pour reconnaître l'auteur céleste de la gravure, sans avoir besoin d'utiliser un artifice ou la moindre ébauche de symbolisme déplacé, imprégné de mysticisme.

Déclaration universelle des droits de l'homme - Image des tables de la Loi

Clairement, le décalogue, le 3ᵉ des dix commandements de la loi, dit expressément « *Tu ne dois pas te faire d'image sculptée, ni de forme qui ressemble à quoi que ce soit qui est dans les cieux en haut, ou qui est sur la terre en bas, ou qui est dans les eaux sous la terre, livre de l'Exode 20 : 4* ». Il fallait donc bannir toute forme de représentation d'éléments animés ou inanimés intégrés à chacune des trois dimensions d'une planète habitée (Air – Terre – eau). Toutefois, de tout temps, cette prescription toute simple et facile à retenir n'a que rarement été appliquée.

Sur la base des saintes Écritures, nous déduisons que ce signe oculaire, l'œil Oudjat de la mythologie égyptienne païenne, appelé aussi œil du dieu Horus a été délibérément apposé sur le billet d'un dollar américain, sur la Déclaration universelle des droits de l'homme, sur le nouveau logo de l'Euro groupe, pour tirer force spirite. Voir aussi plus haut, l'initiation de Napoléon BONAPARTE.

L'ŒIL OUDJAT, UNE TRIPLE FONCTION MAGIQUE, DONT LE POUVOIR DE DISCERNER CE QUE LES AUTRES NE VOIENT PAS

1- la prophylaxie (processus actif ou passif ayant pour but de prévenir l'apparition ou la propagation d'une maladie). 2- une faculté spirite, consistant au pouvoir de restaurer l'être humain dans la complétude, dans la finitude, donc de le parfaire au plus haut degré. 3- le pouvoir de voir (discerner) ce que le grand nombre ne voit pas.

Il fut représenté sur les sarcophages et sur les pectoraux des armures égyptiennes. Les innombrables amulettes en forme d'Oudjat protégeaient leurs porteurs. Lors de la momification, les embaumeurs le plaçaient sur les incisions qu'ils avaient pratiquées. Il était aussi peint sur la proue des bateaux, leur permettant de voir et de tenir leur cap. Voir au plus haut, au sous-titre – Points communs entre les rites anciens et les pratiques initiatiques actuelles – la similitude avec ISIS qui est positionnée à l'avant des embarcations.

LES ADEPTES D'HORUS ONT ÉDIFIÉ LA PREMIÈRE SOCIÉTÉ SECRÈTE POUR GARANTIR L'UNION ET LA SOLIDARITÉ

C'était un symbole de connaissance et un porte-bonheur répandu à travers le monde. Certains l'utilisent aussi à notre époque pour repousser les mauvaises énergies et pour apporter la félicité, car pour eux il permet d'avoir plus de discernement en faisant le bon choix quant au chemin à emprunter. C'est l'œil humain mêlé à l'œil de faucon à la vue très perçante, représenté ouvert pour être toujours éveillé dans la mission protectrice envers son propriétaire, pour le rendre invulnérable. Dès le fondement de la civilisation, les adeptes d'Horus édifièrent la première société secrète. Un Ordre dont l'idéal favorisait l'évolution harmonieuse des initiés pour garantir l'union et la solidarité entre membres.

Les esprits supérieurs, majoritairement initiés à la franc-maçonnerie anglaise, la plus puissante au monde, sont très attachés à l'utilisation rituelle et coutumière de différentes représentations du symbolisme mystique, un moyen pour eux d'assurer puissance et harmonie à la confrérie. Représenter invariablement cet œil sur la monnaie la plus diffusée leur permet donc d'être assurés de recevoir tout l'appui de l'au-delà nécessaire à l'avènement d'un renouveau, d'une nouvelle ère.

Au préalable, forts de ce soutien indéfectible, ils sont certains de voir s'accomplir les trois principales phases de leur plan en cours d'accomplissement : l'assèchement progressif de l'économie réelle – la déstabilisation des États-nation – la refonte du système financier et la surconcentration de l'économie mondiale. Pour y aboutir en temps voulu, dès le 18ᵉ siècle il leur fallait opérer le maillage des sociétés secrètes et des loges maçonniques existantes, à partir de cet embasement établir de puissants réseaux d'influence et de corruption au sein de la nation la plus puissante de la planète Terre.

LIEN ENTRE LES LOGES MAÇONNIQUES ET L'ORDRE DES ILLUMINATI, INFORMATION DE LA CONSPIRATION À TOUS LES CHEFS D'ETAT, CHEFS RELIGIEUX D'EUROPE

C'est en 1777 à Munich que WEISHAUPT fut initié franc-maçon dans la loge Theodor zum guten Rath (Théodore du Bon Conseil) grâce à l'introduction du haut dignitaire Mayer AMSCHEL. En 1782, une alliance fructueuse est scellée entre les francs-maçons et les illuminés de Bavière à Wilhelmsbad. L'ordre Illuminati avait d'ailleurs repris l'organisation hiérarchique en degrés et la symbolique des organisations maçonniques. En 1785, le gouvernement bavarois interdit l'Ordre des Illuminati de

Bavière, et ferme simultanément les loges maçonniques du Grand Orient, preuve que ce lien était opérationnel entre les deux Ordres. En 1786, ce gouvernement consciencieux et prévoyant publia un livre détaillant cette conspiration, sous le titre *les écrits originaux de la secte des Illuminati (The Original Writings of the Order and Sect of the Illuminati)*. Des copies de ce livre furent envoyées à tous les chefs d'État et chefs religieux d'Europe.

LE POUVOIR DES ESPRITS SUPÉRIEURS S'ÉTEND ET GAGNE LES ÉTATS-UNIS

En 1798, vingt-deux ans après la déclaration d'indépendance américaine, 12 années après l'initiative du gouvernement bavarois, un citoyen américain envoie à George WASHINGTON un autre document supplétif, celui d'un chercheur, John ROBINSON, au titre de « *Proof of a conspiracy – Preuves d'une conspiration* », ce livre reprenait les arguments de l'avertissement officiel du gouvernement bavarois.

Le 25 septembre de la même année WASHINGTON lui répond, niant que les Illuminati de Bavière aient pu réussir à gagner de l'influence aux États-Unis, en particulier au sein des loges maçonniques du pays. Démonstration que le président américain avant d'y répondre avait malgré tout pris en compte cette mise en garde, l'avait analysée à sa manière, mais sans en mesurer l'immense danger. Cependant, leur pouvoir était déjà si grand, notamment sur le Nouveau Monde, que ni l'avertissement officiel du gouvernement de Bavière, ni les écrits complémentaires de ROBINSON n'y avaient rien changé. Pourquoi malgré ce double avertissement personne n'avait rien pu faire ?

MAILLAGE AVEC D'AUTRES LOGES, MISE SOUS TUTELLE DES CENTRES NÉVRALGIQUES EUROPÉEN, AMÉRICAINS

Parce qu'avant même que cette interdiction ne soit promulguée, le clan des ROTHSCHILD avait déjà tissé un maillage si fort et si influent avec d'autres loges secrètes internationales qu'ensemble ils avaient pu interférer et influer sur les centres décisionnaires du pays. Les esprits supérieurs avaient pu mettre sous tutelle les centres névralgiques sis à toutes les strates de la société civile et politique européenne et américaine. Au point de pouvoir, tel un Léviathan, non seulement avaler l'interdiction, mais étonnamment, alchimiquement, de plus en tirer l'énergie pour instruire et planifier les diverses Révolutions qui eurent lieu ultérieurement sur le vieux continent.

Du côté de l'opinion publique, l'appellation Illuminati devint impopulaire, ce groupe décida alors d'œuvrer dans le secret. Aujourd'hui, la descendance des Illuminati a choisi très intelligemment d'utiliser principalement trois structures de portée internationale, dites d'unification politico -publique : le CFR établi en 1922 – le groupe Bilderberg, 1952 – la Commission trilatérale, 1972. Pour avoir une idée de l'extension de la gouvernance occulte.[41]

---

[41] **Bilderberg : l'avis d'un ancien du contre-espionnage**
http://www.dailymotion.com/video/x8z7z1_bilderberg-l-avis-d-un-ancien-du-co_news#.UUIobRybrX8

FONCTIONNEMENT INITIAL DES INITIÉS, DE LA CONFRÉRIE SUMÉRIENNE DU SERPENT JUSQU'À NOS JOURS

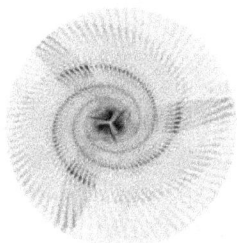

Dès le VIᵉ millénaire av. J.-C, à l'époque sumérienne de la confrérie du Serpent, les premiers esprits supérieurs étaient organisés en cercles concentriques auto protégés par la mise à l'épreuve de chacun des initiés, par le secret de l'initiation. Voilà l'origine de leur force et de leur longévité jusqu'à présent. L'initiation faite dans la Grèce antique[42] en est l'exacte continuité, dès qu'un membre démontrait son intégrité à garder un secret, il était admis dans un cercle plus restreint. Puis il était à nouveau testé, éprouvé, cette fois pour un secret de plus grande importance. S'il se montrait loyal, il pouvait intégrer le cercle le plus proche du pouvoir décisionnaire et en connaître tout ou partie des objectifs.

Au dix-huitième siècle, en Bavière, ils étaient divisés en treize graduations concentriques. WEISHAUPT était particulièrement adroit pour attirer à lui les esprits les plus éclairés, des personnages du milieu de la haute finance, de l'industrie, des universités… Il les tenait sous sa coupe par la corruption de l'argent, du sexe et par le chantage… Ainsi, les fidèles du maître placés au sein de chaque palier du pouvoir politique et financier pouvaient influer directement et indirectement sur les politiciens élus ou nommés et les décideurs de tous secteurs d'activité. Ils influaient surtout sur les francs-maçons plus faciles à approcher et à soumettre du fait des similitudes entre les deux Ordres. Forts de ce regroupement, ils faisaient infléchir la politique de leur pays

---

[42] Voir – Accéder aux Champs Élysées en 440 av. J.-C. – peut-on faire une analogie avec les divers types initiatiques contemporains ?

en faveur de leur but hégémonique et de leurs intérêts sectaires et personnels.

UTILISATION DE LA FRANC MAÇONNERIE FRANÇAISE POUR FOMENTER UNE RÉVOLUTION

D'ailleurs, le journaliste-essayiste français, ancien membre de la garde du roi Louis XVI, portant le titre de marquis de la ROCHE du MAINE, dénonce les dirigeants des Illuminati, assuré qu'ils avaient pris le contrôle de l'espace maçonnique européen. En 1788, il écrivit anonymement son essai sur cette secte, et avertissait que cette organisation prévoyait d'utiliser la franc-maçonnerie française pour fomenter une Révolution.

Une année plus tard en 1789, au Royaume-Uni, ROBINSON publie un autre livre intitulé « *Preuves d'une conspiration pour détruire* (d'abord de l'intérieur) *l'ensemble des gouvernements et des religions* ». Livre dans lequel il listait un grand nombre des membres Illuminati. Comme professeur de philosophie à l'université d'Édimbourg, secrétaire de la Société Royale d'Édimbourg, ROBINSON en haut dignitaire maçon du rite écossais connaissait les us et coutumes ce milieu. De plus, invité quelque temps auparavant par Spartacus WEISHAUPT il a pu prendre connaissance de ses plans après avoir reçu du Maître une copie de son ouvrage planifiant les étapes à suivre. Astucieux, dans un premier temps, ROBINSON avait su garder le secret de manière à obtenir la confiance de WEISHAUPT. Mais il ne fut pas dupe et compris aussitôt qu'il s'agissait de parvenir à une dictature internationale. Dès que possible, il se désengagea de la secte jusqu'à ignorer tous les messages successifs de Spartacus.

L'INFLUENCE, LES MÉTHODES, DES INITIÉS POUR POLITISER ET FANATISER LES POPULATIONS

Les troubles qui bouleversèrent la scène au 19e siècle furent les diverses Révolutions européennes. Elles éclatèrent peu de temps après la parution du livre de ROBINSON et se déroulèrent telles qu'annoncées. La première partie de la citation[43] de CHURCHILL prend tout son sens, l'on discerne qu'il a su établir le rapport direct existant entre l'activité sous-jacente des esprits supérieurs représentés par WEISHPAUT, la montée de la haine du christianisme, l'athéisme, la poussée rapide du communisme, de la dictature, du capitalisme, la volonté de saper la civilisation, et l'éruption soudaine des Révolutions, dans un contexte de fomentation de la Première Guerre mondiale.

DOUBLE MANIPULATION POUR MANIPULER TOUS LES CAMPS ADVERSES, LE GIGANTESQUE COMPLOT

En 1848 Karl MARX écrivit le Manifeste communiste, sous la direction de membres Illuminati, pendant que le professeur Karl RITTER de l'Université de Francfort en Allemagne écrivait l'antithèse de l'ouvrage de MARX, sous la direction d'autres esprits supérieurs. L'idée des illuminés était d'utiliser les différences, les clivages, entre ces deux idéologies pour leur permettre de diviser la race humaine en un grand nombre de camps adverses. Le but était de les amener à s'opposer, voire à s'entre-tuer, paralysant du même coup toutes les institutions religieuses et politiques. Le déroulement des faits historiques démontrera quelques années plus tard l'application de ce gigantesque complot.

---

[43] Voir, ci-dessus, le sous-titre – quel a été le point de départ de toutes les ramifications impénétrables visant à soumettre la société humaine.

POINT DE DÉPART DU RACISME, DU NAZISME, DE SKB - L'ÉLITE AMÉRICAINE, DES GUERRES MONDIALES

L'affiliation entre MARX et MAZZINI était si étroite qu'il considérait les propositions de MAZZINI comme si elles étaient les siennes. L'antithèse, ou « œuvre » de RITTER fut poursuivie après sa mort en 1871 par le philosophe allemand Friedrich Wilhelm NIETZSHE. Il fut le promoteur du racisme et du nazisme. Des idéologies macabres utilisées ultérieurement pour fomenter la première et deuxième guerre mondiale et pour influencer la doctrine et la base rituelle de la secte Skull and Bones initiant l'élite américaine.

TRACER LA VOIE VERS UN NOUVEL ORDRE DU MONDE, ÉVICTION DU CATHOLICISME

En 1834 le chef révolutionnaire italien Giuseppe MAZZINI fut choisi par les Illuminati pour diriger leur programme révolutionnaire à travers le monde. Il sut accomplir ce rôle sans la moindre faille jusqu'à sa mort en 1872. Tout en poursuivant et amplifiant l'objectif de domination mondialiste, MAZZINI avait attiré Albert PIKE pour assurer sa propre succession. Ce dernier était un général et avocat américain fasciné par l'idée d'un gouvernement mondial, il devint finalement le chef de cette conspiration. De 1859 à 1871, PIKE, initié à la cause grandiose, prépara un plan prévoyant trois guerres mondiales et différentes Révolutions à travers le monde. Tout cela pour délimiter, tracer et ouvrir la piste destinée à devenir la voie sur laquelle toute l'humanité serait entraînée à destination d'un nouvel Ordre du monde. C'est en 1850, sept à huit années avant d'être initié en franc-maçonnerie anglaise, que PIKE s'est exprimé bien différemment sur les objectifs obscurs de sociétés secrètes dont il avait cerné l'activité perverse « *Divers groupes œuvrent dans l'ombre depuis des siècles. S'ils s'enveloppent d'un tel secret, c'est que leurs motivations ne sont pas claires* ».

Par contre, deux décennies plus tard, PIKE était devenu un grand prêtre du paganisme et le probable fondateur du Ku Klux Klan, c'est dire la force d'attraction dont sait faire preuve l'organisation des esprits brillants. En août 1871, quelques mois après la constitution du rite suprême (Palladisme), il reçut de MAZZINI chef d'action politique de la franc-maçonnerie universelle, une lettre décisive lui demandant de préparer un plan en vue de l'éviction du catholicisme romain.

SELON CHURCHIL, LE CLIVAGE ORGANISÉ ENTRE LES CLASSES SOCIALES EUROPÉENNES FUT PERSONNIFIÉ PAR :

Rosa LUXEMBURG une militante communiste et révolutionnaire allemande, née en Pologne le 5 mars 1871, morte assassinée le 15 janvier 1919 pendant la Révolution allemande, lors de la Révolte spartakiste de Berlin. Son nom correspond à Luxemburgiste, un courant issu du mouvement ouvrier allemand, marxiste et révolutionnaire, caractérisé par son refus total de la guerre de 1914, par la défense de la politique communiste, par l'attachement à la démocratie ouvrière et contre la vision militarisée du parti selon LÉNINE. Ce courant défendait la conception de Karl MARX pour l'émancipation des travailleurs par les travailleurs eux-mêmes.

De toutes les grandes figures du socialisme européen, malgré le peu de contacts et certaines divergences mineures, personne n'était plus près de TROTSKI que Rosa LUXEMBURG. Ils avaient la même vision du monde, la même approche des méthodes, des visées stratégiques, des thèses politiques.

Emma GOLDMAN, 1869 – 1940, était une anarchiste d'origine lituanienne connue pour ses écrits et ses discours radicaux libertaires et féministes. Elle émigra aux États-Unis à l'âge de 16 ans et plus tard en fut expulsée vers la Russie où elle fut témoin de certains événements de la Révolution russe. Elle passa aussi un certain nombre d'années en Europe de l'Ouest, où elle écrivit son autobiographie et d'autres travaux.

TROTSKI, né dans une famille de paysans juifs, de son vrai nom Lev Davidovitch BRONSTEIN, adhère, alors qu'il est étudiant en droit, à l'idéologie sociale-démocrate. Cette prise de position est à l'origine de son arrestation à l'âge de 19 ans, puis de sa déportation en Sibérie. Il s'enfuit en Angleterre où il rencontre LÉNINE. Mais au congrès de Londres de 1903, il se rallie aux menchéviques, une faction du parti ouvrier social-démocrate russe opposée aux bolcheviques. Pendant la Révolution de 1905, il préside le Soviet ou conseil de Saint Pétersbourg, mais considéré en gêneur, il fait l'objet d'une arrestation. Il parvient encore à s'échapper, puis s'exile notamment à Vienne où il fonde le journal La Pravda.

Il crée la théorie de la Révolution permanente, contrairement à ce que l'on pourrait croire, une idée tant bourgeoise que prolétarienne qui doit gagner d'autres pays afin d'éliminer le féodalisme. Il retourne en Russie après dix années d'exil et rallie finalement les bolcheviques. Il devient l'un des protagonistes de la Révolution d'octobre. À 29 ans, il est commissaire du peuple à la guerre. Durant la guerre civile russe, il fonde et dirige l'Armée rouge. S'opposant à l'arrivée au pouvoir de STALINE il est relevé de ses fonctions et exclu du parti. Il s'exile une nouvelle fois à Alma-Alta, l'actuel Kazakhstan, mais il est à nouveau expulsé de ce territoire d'URSS. En 1933, il s'installe en France, puis en Norvège et enfin au Mexique en 1936. Deux ans plus tard, Léon TROTSKI fonde la IVe Internationale. En 1940, à l'âge de 61 ans, il est assassiné à Mexico à la demande de STALINE.

La conclusion est limpide, ces personnages célèbres et sûrement sincères dans leurs démarches politiques en faveur de la libération des peuples ont été manipulés et utilisés en promoteurs de la montée en puissance des idées révolutionnaires. Ils ont servi de fondement populaire aux principaux courants gauchistes. Il ne restait plus aux esprits supérieurs qu'à les monter les uns contre les autres, par le moyen des réseaux d'influence maçonniques.

LA FRANC-MAÇONNERIE EST INSTRUMENTALISÉE POUR ORGANISER LES RÉVOLUTIONS

En 1871, le mutuelliste[44] suisse E.E. FRIBOURG écrivait : « *Partout où se trouvait l'Internationale socialiste, celle-ci était soutenue par la franc-maçonnerie »»* » son livre, Association internationale des travailleurs p. 181. En 1921, l'historienne Nesta WEBSTER essayiste britannique d'ajouter dans son livre world Révolution «*Le soutien venait particulièrement des loges du Grand Orient*».

Elle exprima aussi sa propre indignation « *Il est difficile d'écrire ces choses calmement, car trompeuses pour les gens, dont la foi simple et leur manque d'éducation les empêchent de voir où ils sont conduits, ceci est aussi lâche que de guider un aveugle dans un fossé* » (Référence à une métaphore de l'évangile, livre de Mathieu 13 :14). *Malgré tout, c'est ce que les exploiteurs de l'Internationale faisaient aux travailleurs*».

LA SUBVERSION JUSQU'EN RUSSIE

En fait, ce mouvement subversif conduit par la franc-maçonnerie était à l'arrière-plan complètement dominé et manié par les sociétés secrètes dirigées par les esprits supérieurs. Par la suite, la

---

[44] Le mutuellisme est la théorie économique qui transpose la loi du talion œil pour œil, dent pour dent, vie pour vie dans les relations économiques, qui doivent être les plus égales possible. Les prix sont basés sur la quantité de travail nécessaire à la production. La coopérative est une forme d'entreprise fondée sur le principe de la coopération est issue du mutuellisme. Elle a pour objectif de servir au mieux les intérêts économiques de ses participants (sociétaires ou adhérents).

subversion s'est frayé un chemin jusqu'en Russie, avec l'aide des loges russes existantes, la participation de TROTSKI, de LÉNINE et avec le soutien extérieur de financiers internationaux. Elle s'imposa de cette façon au peuple russe. Winston CHURCHILL résuma ces événements dans une déclaration parue dans un journal de Londres, le Sunday Illustrated Herald « [...] *Cette bande de personnalités extraordinaires, cette pègre des grandes villes de l'Europe et de l'Amérique ont saisi les gens du peuple russe par les cheveux de leurs têtes et ils sont devenus les maîtres incontestés de cet énorme empire* ». CHURCHILL connaissant particulièrement bien le sujet puisqu'il était lui-même maçon (McCormick – Christ, the Christian and Freemasonry. p. 116).

QUELS SONT LES COURANTS QUI ONT CONDUIT AUX RÉVOLUTIONS, AUX GUERRES MONDIALES ?

Ce furent les diverses connexions politiques, philosophiques, occultes, directes entre 1) WEISHAUPT fondateur des Illuminati – MARX – LÉNINE – la franc-maçonnerie – le milieu international de la finance, entre 2) les activées prorévolutionnaires incarnées près des populations ouvrières et bourgeoises[45] par Emma GOLDMAN & Rosa LUXEMBURG, fers de lance des idées de l'idéal socialiste de TROTSKY. C'est donc la convergence de ces deux courants qui conduisirent les principaux pays d'Europe à faire la Révolution, puis la Première Guerre mondiale. Winston CHURCHILL avait donc remarquablement bien discerné le sens de ces manœuvres séditieuses.

---

[45] **De la révolution bourgeoise à la révolution prolétarienne**
http://www.matierevolution.fr/spip.php ?article414

D'AUTRES PERSONNAGES CÉLÈBRES DISCERNENT LE RÔLE SOURNOIS D'UN GOUVERNEMENT INVISIBLE

En 1840, **BALZAC**, journaliste et **critique littéraire** bien qu'ayant eu une vie personnelle très agitée et indirectement confrontée aux guerres napoléoniennes, vécu dans un contexte bien plus paisible que celui des XXe et XXIe siècles. Néanmoins en journaliste expérimenté, il concluait à une histoire secrète, donc à un milieu occulte qui est à l'origine des faits marquants l'histoire, quelle que soit la génération concernée. Il déclara à ce sujet *« Il y a deux histoires, l'histoire officielle, menteuse, puis l'histoire secrète où sont les véritables causes des événements »*.

S'il revenait vivre à votre époque, nul doute qu'il écrirait très différemment les caractéristiques de la comédie humaine d'aujourd'hui. Il la nommerait probablement l'immense tragédie humaine, à moins qu'il n'y perde complètement sa base latine et son imperturbable sang-froid !

Son analyse rejoint celle de **Benjamin DISRAELI**, un homme d'État Leader du parti conservateur, puis chancelier de l'Échiquier d'Angleterre en 1844. Il rédigea son roman *Coningsby – la Nouvelle Génération –* en voici un extrait page 183 « *Le monde est gouverné par tous autres personnages que ne l'imaginent ceux dont l'œil ne plonge pas dans les coulisses* ». En 1876, vingt-deux ans plus tard, plus aguerri et plus expérimenté en politique, occupant cette fois le poste de **premier ministre**, il confirma la rémanence de cette forte influence occulte écrivant :

Ω **citation clé** « *Les gouvernements d'aujourd'hui doivent traiter non seulement avec d'autres gouvernements, avec des empereurs, des rois et des ministres, mais aussi avec des sociétés secrètes qui ont partout leurs agents sans scrupules, qui peuvent au dernier moment déranger les plans de tous les gouvernements* ».

Au-delà du constat d'une société humaine marquée dès le 18ᵉ siècle par les Révolutions, guerres, crimes, mensonges, complots, famines, pestes, ignorances profanes et religieuses, entretenues par certains hommes d'État et d'église... Benjamin DISRAELI mesurait qu'un gouvernement aurait à supporter bien plus que tout cela puisqu'il aurait à subir l'influence perverse d'une gouvernance occulte, parallèle, structurée, organisée, opérante et déstabilisatrice.

Quelques années plus tard, **Théodore ROOSEVELT**, historien, naturaliste, explorateur, écrivain, soldat, et vingt-sixième **président des États-Unis** de 1901 –1909, s'exprima avec indignation de façon plus résolue encore sur l'existence malfaisante d'un contre-pouvoir occulte et néfaste qu'il fallait combattre. Rejoignant l'analyse du premier ministre anglais, il déclara :

Ω **citation clé** « *Derrière le gouvernement visible* (l'État fédéral légitime et souverain) *siège un gouvernement invisible qui ne doit pas fidélité aux peuples et qui ne se reconnaît aucune responsabilité. Anéantir ce gouvernement invisible, détruire le lien impie qui relie les affaires corrompues avec la politique, elle-même corrompue, tel est le devoir de l'homme d'État* ».

C'était un dirigeant courageux et déterminé non seulement à extirper, mais à anéantir la souche, vénéneuse, athée, de ce gouvernement occulte qui de son juste point de vue, par l'étendue capacitaire de son réseau d'influence corruptrice, corrompait une part grandissante de la société civile américaine. Avant 1914, date clé dans l'histoire humaine, ces deux hommes d'État sincères, à la tête de pays démocratiques, décrivaient et analysaient déjà avec justesse les causes réelles omniprésentes qui nuisaient au bon fonctionnement d'une nation démocratique. En ces années d'avant-guerre, le monde connaissait la période dite de la belle époque. Nombre de pays développés profitaient, outre de l'air pur, de nourriture naturelle, de progrès techniques, d'embellies sociales. La plupart des chefs d'États-nation et de dirigeants d'entreprise étaient motivés par l'intérêt général, par la recherche d'une plus grande équité applicable concrètement au profit immédiat de tous leurs concitoyens, cela jusqu'à ce que la Première Guerre mondiale n'éclate.

Théodore ROOSEVELT était un président énergique, patriote. Il a marqué ses deux mandatures par sa politique volontariste de préservation des ressources naturelles. Il a fait adopter deux lois de protection des consommateurs, fondant l'office de contrôle pharmaceutique et alimentaire (Food and Drug administration), un organisme public qui fut rapidement perverti sous l'influence des lobbies, eux-mêmes placés sous la coupe de l'élite de la véritable gouvernance mondiale. Son rôle de pacificateur (prix Nobel de la paix en 1906, pour sa médiation dans la guerre russo-japonaise) fut remarquable. Pourtant, malgré la justesse et la pertinence de son analyse, la manifestation de son immense volonté, sa résolution, et les grands moyens mis à sa disposition dans le cadre de sa fonction présidentielle, il n'a pas pu réaliser le vœu si cher à son cœur de rompre ce lien impie.

Désormais, personne ne pourrait plus s'opposer à l'asservissement du joug politique, financier, industriel, commercial, médiatique, imposé par un petit groupe de puissants lobbyistes qui ne cesseraient d'alourdir la vie de tous les peuples. Aux dires de Walter RATHENAU (1822–1927) homme politique, écrivain, industriel, fondateur de la marque AEG, magnat de l'électricité, le pouvoir ne se partage qu'en cercle très restreint «*Trois cent hommes, dont chacun connaît tous les autres, gouvernent les destinées du continent européen et choisissent leurs successeurs* (par cooptation) *dans leur entourage*».

LA PRÉSENCE IMPALPABLE D'UN POUVOIR ORGANISÉ, SUBTIL, DOMINANT, OMNIPRÉSENT

Sur le continent nord-américain en plein essor au vingtième siècle, des hommes influents et puissants, non-initiés à la confrérie des esprits supérieurs, exprimaient leur crainte, leur vive inquiétude, conscients de la présence impalpable et néanmoins fortement agissante d'un pouvoir dont ils ne semblaient pas connaître l'origine. Ils en constataient l'impact puissant, permanent, au point d'en être gênés, inquiets, tout en exprimant le besoin de l'évincer, de le condamner, mais sans avoir la capacité, la force, de s'en débarrasser. Finalement, ils n'avaient d'autre solution que de venir se confier au vingt-huitième président des États-Unis, Woodrow WILSON. Celui-ci avait l'humanité, l'expérience et le discernement nécessaire pour les comprendre, sans pour autant pouvoir en faire plus qu'eux.

En 1913, les propos du président furent repris à Paris par les Éditions du temps présent :

Ω « *Depuis que je suis entré en politique, j'ai eu surtout les vues* (les impressions, le ressenti) *des hommes qui se confiaient à moi en privé. Certains des plus grands hommes aux USA, dans le domaine du commerce et de la fabrication, ont peur de quelque chose. Ils savent qu'il y a un pouvoir quelque part aussi organisé, aussi subtil, aussi attentif, aussi emboîté, aussi complet, aussi dominant, que le mieux est de ne pas parler trop fort, quand ils en parlent en le condamnant* ».

Ces échanges singuliers entre ces hauts personnages se situent à la veille de la Première Guerre mondiale. Ces hommes, généralement très attachés aux valeurs morales du christianisme, étaient très sensibles à ressentir la lourdeur psychique ambiante, aussi moite, étouffante et lourdement accablante que le sont au plan du ressenti les orages tropicaux oppressants de Louisiane. Un conflit, dont les acteurs de ces rendez-vous présidentiels spontanés ou organisés semblaient pressentir la venue. Mais leurs impressions manquaient de repères pour savoir comment définir clairement ce pouvoir malsain, malfaisant, omniprésent au sein de toute la société civile.

LA PÉRIODE DE LA BELLE ÉPOQUE DISPARAISSAIT À TOUT JAMAIS, LE VIEIL ORDRE MONDIAL ÉTAIT MORT

Mais voilà qu'en une seule année la période de la belle époque disparaissait à tout jamais, tel un continent submergé par les eaux bouillonnantes d'un déluge. Les multiples efforts produits pour bâtir une nouvelle société humaine de paix et de prospérité furent engloutis. Aucune des intentions de désarmement et de règlement des conflits entreprises par la Cour d'arbitrage international de La Haye, n'avaient pu aboutir. Toutes les démarches faites en ce sens ont été anéanties, comme balayées, mises en miettes, par la tempête universelle de la Première Guerre mondiale. Bien qu'en 1915 l'Amérique ne fût pas touchée directement par la guerre, n'entrant dans le conflit mondial qu'en avril 1917, l'on constata immédiatement au cœur du conflit que le vieil ordre mondial était mort. Un acte de décès officiel puisque la Cour d'arbitrage (prix Nobel de la Paix en 1910) n'avait pas pu empêcher les combats d'éclater, ni d'engrener dans la guerre, sans trêve possible, les nations les unes après les autres.

CHAPITRE 9

CONTEXTE DE LA PREMIÈRE GUERRE MONDIALE, LA CIVILISATION BASCULE

Chaque historien s'accordera à dire que 1914 est une date clé dans l'histoire de la civilisation de la planète Terre. Le bouleversement fut total, à tout ce que l'humanité avait pu connaître d'exécrable avant cette année-là, ce sont ajoutés des fléaux et des épreuves d'une redoutable ampleur non imaginables un siècle plus tôt, parmi lesquels :

➢ Les guerres mondiales avec leur cortège de centaines de millions de morts, de handicapés...

➢ La pandémie de grippe dès 1918 qui a tué autant que la Première Guerre mondiale, soit de 45 à 50 millions d'individus. Le lot d'autres maladies : tuberculose, poliomyélite, paludisme, malaria...

➢ Le génocide de 1,2 millions d'arménien, de 6 millions de juifs, cambodgien et le génocide silencieux de millions d'Africains éradiqués par le Sida, virus élaboré par les laboratoires de la mort, sous l'égide de Big Pharma, voir notre livre « *Vaccination – Sida – Ebola...* »

➢ Les immenses bouleversements planétaires, notamment le potentiel de destruction nucléaire et électromagnétique qui peut anéantir en quelques instants toutes formes de vie.

➢ Le dérèglement majeur des éco systèmes, sans retour en arrière possible, caractérisé par l'emballement climatique exponentiel, mettant en cause chacune des prévisions pour en anticiper toutes les conséquences. Manipulation du climat, du cerveau des masses humaines...[46] – activités électromagnétiques secrètes – développement sur notre livre «*Les utilisations inimaginables de la force électromagnétique*»

➢ La pollution extrême des sols, des eaux, de l'air, de l'alimentation, du corps humain (pour conséquence la charge chimique corporelle permanente de 200 à 300 molécules néfastes, stationnaires dans l'ensemble du corps)...[47]

➢ La contamination des radionucléides (césium plutonium...) provenant depuis 1944 des milliers d'essais thermonucléaires.[48] De l'explosion de Tchernobyl en 1986, de la fusion irréversible des 3 réacteurs nucléaires de Fukushima en 2011,[49] avec une incidence gravissime sur l'atmosphère, les océans, les nappes phréatiques, finalement sur toute la chaîne alimentaire du globe, sur tous les organismes vivants par effet cumulatif. Soit selon l'AIEA (agence internationale à l'énergie atomique) c'est l'équivalent de 3000 milliards de doses létales potentielles à rapprocher d'une population mondiale de 6,9 milliards d'individus. **L'ennemi invisible[50]** contre lequel l'organisme ne pourra pas résister bien longtemps...

➢ La perte sans précédent de nombreuses espèces animales et végétales.

---

[46] **HAARP Pooned Humanity - We Are Being Exterminated**
https ://www.youtube.com/watch ?v=9bl6froZhog
[47] **Body Burden**
https ://www.youtube.com/watch ?v=lFzHczLRgvs
[48] **Tous les essais nucléaires dans le monde de 1945 à 1998**
http://www.dailymotion.com/video/xfktas_tous-les-essais-nucleaires-dans-le-monde-de-1945-a-1998_webcam
[49] Voir l'évolution ici : http://www.wikistrike.com/article-fukushima-40-millions-de-japonais-en-extreme-danger-pourraient-etre-evacues-en-russie-105412870.html
[50] **Nouvelles récentes de Fukushima**
http://www.kokopelli-blog.org/ ?p=559%20&%20http://www.kokopelli-blog.org/ ?p=699

➤ L'émergence d'une multitude d'affections physiques et mentales (montée en flèche des dépressions nerveuses, des cancers de toutes sortes...) dites maladies de civilisation, au nombre desquelles la médecine moderne est impuissante.

➤ L'utilisation effrénée de plus de 6000 molécules et procédés chimiques destructeurs dans toutes les formes et activités de la vie quotidienne.

➤ Les famines permanentes, croissantes, et indécentes au vu des gaspillages alimentaires,[51] au vu des richesses immenses immobilisées par une poignée de gens démesurément fortunés, par des classes moyennes égocentriques non disposées à partager une part de leurs grandes ressources.

➤ Le chômage massif et insoluble qui plonge des centaines millions d'individus dans l'angoisse et une totale incertitude matérielle et morale.

➤ La terrifiante montée en puissance du terrorisme.

➤ La perte des valeurs qui caractérisaient l'intégrité et la loyauté des hommes d'autrefois. Les maquignons auxquels l'on se réfère parfois, et ceux qui leur ressemblaient, se frappant mutuellement la main pour sceller indifféremment une petite affaire ou une négociation de grande importance, dont la parole donnée était plus valable qu'une signature sur le papier.

➤ C'est le pouvoir assoiffé et immodéré de l'argent qui a pris définitivement le relais des valeurs morales d'autrefois, tenant en bride et dans la soumission absolue la plus grande partie de l'humanité.

---

[51] **Vidéo pour en finir avec le gaspillage alimentaire**
https ://www.youtube.com/watch ?v=qi4WGyk5-Xk

➢ La peur de l'avenir pour soi et pour les générations à venir, l'angoisse des nations prophétisée dans les évangiles, notamment au livre de Luc 21 :25.

➢ Autant de difficultés démesurées et sans précédent auxquelles les humains sont tous confrontés.

L'IDÉE D'UN NOUVEL ORDRE DU MONDE POUR RECONSTRUIRE LA SOCIÉTÉ CIVILE ET NE PLUS REVOIR D'HÉCATOMBE

Au lendemain de la première Guerre mondiale, la vie devait être réorganisée pour reconstruire la société civile. L'on vint à l'idée d'un nouvel Ordre du monde. Une proposition sous la forme d'une Société des Nations (SDN) faite par le Secrétaire d'État britannique aux affaires étrangères Edward GREY. Un concept qui a été repris avec enthousiasme par le président démocrate Woodrow WILSON et son conseiller le colonel Edward M. HOUSE. Ces hommes considéraient avant tout ce new world Order comme le principal moyen de ne plus revoir une telle hécatombe. Le 25 janvier 1919, les participants à la conférence de paix de Paris acceptèrent la proposition d'un nouvel Ordre de paix, la SDN venait d'être formée. La ville de Genève devint le siège de cette nouvelle organisation.

La Convention définissant la structure et le rôle de la SDN fut élaborée sur la base de la première partie du traité de Versailles du 28 juin 1919. Laquelle offrait la perspective d'une assurance de pacification internationale, d'équité commerciale, de transparence politique et diplomatique. Parmi les quatorze points harmonieux et vertueux, proposés par le Président WILSON, le premier et le quatorzième ont un sens particulier pour la compréhension générale de notre investigation. Un intérêt pédagogique pour saisir comment les esprits supérieurs ont mis en œuvre dès le début du XXe siècle l'agencement du plan de sape des souverainetés nationales, avec une montée en puissance au cours des années 1980.

Les États-Unis dans une position isolationniste, sous la forte opposition du Sénat influencé par le CFR, n'ont pas voulu en ratifier la charte. Un blocage incompréhensif au regard des moyens vertueux proposés pour garantir fermement la paix et les échanges politiques, commerciaux, internationaux tels qu'ils furent présentés par le président américain Woodrow WILSON devant le Congrès le 8 janvier 1918. En voici les principaux extraits :

1) Des conventions de paix publiques, ouvertement conclues après lesquelles **il n'y aura pas d'accords internationaux privés d'aucune sorte, mais une diplomatie qui agira toujours franchement à la vue de tous.**

2) Liberté absolue de navigation sur les mers en dehors des eaux territoriales, aussi bien en temps de paix qu'en temps de guerre [...]

3) Suppression, tant qu'il sera possible, de toutes les barrières économiques ; **établissement de conditions commerciales égales entre toutes les nations** consentant à la paix et s'associant pour la maintenir.

4) Garanties convenables données et prises que les armements nationaux seront réduits au dernier point compatible avec la sécurité du pays.

5) Libre arrangement, dans un esprit large et absolument impartial, de toutes les revendications coloniales, sur l'observation et le strict principe qu'en fixant toutes les questions de souveraineté, **les intérêts des populations intéressées devront avoir un poids égal à celui des demandes équitables du gouvernement,** dont le titre, doit être déterminé.

6) Évacuation de tous les territoires russes [...] pour donner à la Russie l'occasion de pouvoir déterminer, sans être entravée

ni embarrassée, l'indépendance de son propre développement et de sa politique nationale [...]

7) La Belgique, le monde entier sera d'accord qu'elle doit être évacuée et restaurée [...]

8) Tout territoire français devra être libre et les régions envahies devront être restaurées. Le tort fait à la France par la Prusse en 1871 en ce qui concerne l'Alsace-Lorraine [...] devra être réparé [...]

9) Le rétablissement de la frontière italienne devra être effectué suivant les lignes de nationalité clairement reconnaissables.

10) Aux peuples d'Autriche-Hongrie [...] on devra donner plus largement l'occasion d'un développement autonome.

11) La Roumanie, la Serbie et le Monténégro devront être évacués et les territoires occupés devront être restitués. À la Serbie on devra accorder libre et sûr accès à la mer, et des relations entre les divers États balkaniques devront être fixées amicalement sur les conseils des puissances et d'après des lignes de nationalité établies historiquement [...]

12) Une souveraineté sûre sera assurée aux parties turques de l'Empire ottoman actuel, mais les autres nationalités qui se trouvent en ce moment sous la domination turque devront être assurées d'une sécurité indubitable de leur existence et une occasion exempte d'obstacles leur sera fournie de se développer de façon autonome. Les Dardanelles devront être ouvertes de façon permanente [...]

13) Un État polonais indépendant devra être établi. Il devra comprendre les territoires habités par les populations incontestablement polonaises auxquelles on devra assurer un libre accès à la mer [...]

14) Une association générale des nations devra être formée d'après des conventions spéciales, dans **le but de fournir des garanties mutuelles d'indépendance politique et**

d'intégrité territoriale (de souveraineté nationale) **aux grands comme aux petits États.**

LA VOLONTÉ D'UN VÉRITABLE STATUT DE SOUVERAINETÉ NATIONALE JUSQU'AUX ANNÉES 1980

Le 14ᵉ point détermine un véritable statut de souveraineté nationale conçu pour être durablement conservé par chaque pays signataire. Même après le remplacement fonctionnel de la SDN par l'Organisation des Nations unies (ONU), les brins de cette corde d'amarrage, initialement tissée de principes démocratiques équitables, étaient toujours tous assemblés. Au cours des années 1980, l'élite de la gouvernance occulte s'est mobilisée pour entreprendre de les déliter, puis de les cisailler. Ils y parviendront pleinement sous peu, reléguant ainsi dans les basses fosses cet esprit de rectitude et de sincérité progressiste lié à cet accord historique d'après-guerre. Initialement scellé dans le but d'assurer durablement à tous progrès et développement social.

La SDN est l'enfant de l'une des personnalités les plus controversées du XXᵉ siècle, le président des États-Unis, Thomas Woodrow WILSON (1856-1924). Cet illustre juriste, couvert d'honneurs est entré tardivement en politique. Il fut élu président grâce à la remarquable habileté de son alter ego, le colonel Edward M. HOUSE. Il se convainquit aussitôt de la nature de sa mission première, celle de bâtir la société humaine dans l'équité, la paix perpétuelle.

Le 8 janvier 1918, le projet est présenté sur la base du 14ᵉ point, le plus célèbre de tous. Il s'agit de constituer une association de nations – League of Nations – fondée sur *la garantie réciproque de l'indépendance politique et de l'intégrité territoriale de ses membres, petits ou grands*. La démarche est avant toute celle d'un juriste puisque les États-nation avaient obligation de s'accepter et de se reconnaître mutuellement, à défaut de se respecter vraiment. De plus, ils devaient conclure entre eux un pacte fixant leurs droits et obligations réciproques.

Une autre disposition permettait de prévoir les mesures nécessaires pour le cas où l'un d'entre eux violerait les règles établies. Cette charte offrait à chaque pays une totale garantie de conserver sa propre souveraineté et la paix globale au sein de cette Ligue. Le Président WILSON fut un médiateur très actif dès 1914 pour faire cesser le conflit naissant.

Selon son analyse éclairée, c'est *l'activité secrète de la diplomatie* (voir le point n° 1 de la Convention de la SDN) qui s'avéra être **la principale cause de la Première Guerre mondiale**. D'ailleurs, il fut lui-même soumis à une forte influence manipulatrice du clan ROTHSCHILD, d'où certainement son vif souhait de voir la SDN devenir l'instrument utile à faire échec à ce type d'emprise.

Une vingtaine d'années plus tard, Franklin D. ROOSEVELT, bien que plus réaliste que son prédécesseur, reprend la vision wilsonienne de paix. Les sacrifices de la Seconde Guerre mondiale, l'abandon de l'isolationnisme états-unien, imposent d'établir un autre type de paix. Non pas une simple trêve d'entre-deux-guerres, mais un solide accord de principe. L'administration ROOSEVELT tire les leçons de l'échec de la SDN. Il lui fallait établir un autre agencement du monde ayant pour fondement un ordre international plus pragmatique. L'ONU devait être dotée d'une instance légitime et efficace, capable de maintenir la paix, à la manière policière entièrement autonome accordée au shérif fédéral américain. Mais son fondement a pour origine le CFR[1] qui va la modeler pour en faire un vrai/faux instrument de paix au service de la véritable gouvernance mondiale.[52]

---

[52] voir plus haut – dans un deuxième temps, les planificateurs du N.O.M. ont prévu de passer rapidement à l'extraction de la panacée – L'ONU est ressortie des cendres de la SDN sous la forme hideuse d'un mutant.

Pendant que se poursuivaient les négociations officielles sur la base de cette nouvelle institution politique, les représentants de la gouvernance parallèle l'ont utilisée pour renforcer considérablement leur influence politique en incitant l'élite des nations à soutenir la pax americana, à s'initier à la cause suprême. Pour y parvenir pleinement et rapidement les esprits brillants du cœur de cercle, eux-mêmes initiés au plus haut degré de la franc-maçonnerie anglaise, vont user de la même stratégie que leurs pères Illuminati du 18e siècle en utilisant à dessein le support de la franc-maçonnerie internationale.

CHAPITRE 10

DÉFINITION SUCCINCTE DE LA FRANC-MAÇONNERIE

Nimrod deified:
Ancient Nineveh Artifact

Circa 2000 B.C.

Une organisation fraternelle et initiatique[53] qui désire œuvrer au progrès de l'humanité. À l'exemple de Nelson MANDELA, les francs-maçons considérés individuellement sont dans l'ensemble des hommes équilibrés. Généralement, ils sont animés des meilleures attentions en faveur de la paix, du progrès social, de la fraternité entre les hommes, de l'intérêt porté à la collectivité, à la démocratie, au renouveau de la société humaine.

➢ Leur origine remonte à NIMROD, personnage central de la franc-maçonnerie et fondateur de la tour de Babel. Un tyran et puissant opposant envers la personne de Dieu, selon l'encyclopédie maçonnique d'Albert MACKEY, médecin américain (1807-1881).

---

[53] Rappel de la définition : Initiation (du latin initiare, initium, commencement, entrée, introduction à la communauté spirituelle). Celui qui reçoit l'initiation est admis aux activités particulières d'une société, d'une association. Le terme désigne aussi, de nos jours, toute forme de procédure, action, passage, épreuve, qui transforme le statut social ou spirituel d'une personne. Depuis les mystères d'Isis en Égypte, ceux de Déméter en Grèce, jusqu'à la franc-maçonnerie, ou le rose-croix… de nos jours, incluant les peuples premiers (aborigène par exemple), chaque espace culturel et pas forcément cultuel, comprend des rites d'initiation.

➤ Une deuxième hypothèse non crédible à nos yeux situerait leur origine à la construction du temple de Salomon à Jérusalem achevé en 1026 AV. n.è. par l'architecte HIRAM, dédié au Dieu d'Israël הדהי – HYWH. Temple détruit en 607 AV. n.è par les Babyloniens et reconstruit par Zorobabel en 515 AV.n.è, pour finalement être définitivement détruit par les armées romaines en l'an 70 de notre ère par le général TITUS.

➤ Leur origine pourrait être aussi liée à la construction de cathédrales.

➤ Leur base constitutionnelle repose sur la constitution contemporaine du Révérend James ANDERSON (1723) et pour partie sur celle de Laurence DERMOTT (1751).

➤ Une organisation répartie dans le monde entier. Elle est décrite comme un système particulier de morale, voilé dans de multiples allégories (une idée, ou un thème, abstrait faisant l'objet d'une représentation concrète et descriptive par un objet, un insigne, une décoration...) et illustré par des symboles (par exemple, le cœur est le symbole de l'amour…), les plus célèbres sont l'équerre et le compas.

➤ C'est une pratique ésotérique, car certains aspects cérémoniaux ne sont ni accessibles, ni révélés au public, au grand jour.

➤ Elle utilise l'initiation par degrés pour s'assurer de l'aspect éthique. Une discipline qui cherche à évaluer les conduites humaines par rapport à un système de valeurs. (Voir en début de 4ᵉ partie – les cinq parties de la **cérémonie** d'initiation antique).

➤ Elle fait preuve de tolérance religieuse et politique au sein de chacune des loges et dans la vie courante.

➤ La croyance en un Être suprême ou Grand Architecte de l'univers est interprétée de façon très diverse. Elle est requise par la franc-maçonnerie anglaise, majoritaire dans le monde, l'athéisme est accepté en France.

➤ Elle veut se présenter comme une société plus discrète que secrète. Chaque maçon est libre de se dévoiler, mais il ne peut pas dévoiler un autre maçon. L'on y affirme que le secret est dans le vécu, le ressenti de l'initiation.

➤ Les nouveaux membres sont intégrés à la confrérie par cooptation (recrutement et désignation selon le choix de l'assemblée).

➤ Elle est organisée en loges de trente à quarante membres, encadrées par le vénérable ou président, le secrétaire et le trésorier (en association loi 1901 pour la France). Les loges sont regroupées en obédiences très différentes dans leurs pratiques et leur façon de voir leurs rites (l'œcuménisme maçon, ou mouvement visant à rassembler toutes les loges n'est pas accepté). Ce sont des fédérations de loges ou d'ateliers, ou de rites. Avant d'être un maçon confirmé, il y a d'abord l'apprentissage, puis la maîtrise, et un système de graduations échelonnées sur trente-trois degrés.

➤ Parmi les rituels existants, on peut nommer le rite d'York, le rite écossais ancien et accepté, le rite écossais rectifié, le rite français, le rite français moderne, le rite émulation, le rite égyptien de Memphis-Misraïm, etc.

➤ C'est une organisation qui a subi l'oppression de nombreux groupes, des protestants conservateurs, des musulmans radicaux, et surtout dès 1738 de l'Église catholique, de l'Église méthodiste aux États-Unis. Les pouvoirs extrémistes ou autoritaires des nazis, des Soviétiques, l'ont opposée. On l'accuse de partialité, d'infiltration de l'appareil de l'État, de fichage de la population (au XXe siècle en France l'affaire dite du « *scandale des casseroles* » : les membres d'une loge militaire proche du pouvoir avaient entrepris le fichage de certains citoyens en fonction de leurs appartenances politiques et religieuses).

➤ La position de la femme y est complexe. Elles intègrent des loges mixtes (Droit humain, ou grande loge féminine de France et continentale), cependant le Grand Orient ne les initie pas.

➤ Dans d'autres pays, dont l'Amérique du Nord, il est plus recommandable que les femmes ne rejoignent pas la franc-maçonnerie directement, mais des associations distinctes comportant leurs propres traditions, comme l'Ordre de l'étoile de l'Est.

➤ Pour devenir membre, chacun est libre de postuler pour y entrer, la plupart des postulants connaissent un membre de la loge. Il n'existe pas un droit d'entrée acquis par héritage ou selon un mérite particulier.

EXEMPLE DE BONHOMIE MAÇONNE

Jacques CHIRAC était très arrangeant, très amical, très flatteur avec ce milieu dont il connaissait les pouvoirs. En 1986 pour constituer le premier gouvernement de cohabitation, il contacta André ROSSINOT et lui tint à peu près ce langage : « *Tu es rond, tu es barbu, tu aimes la bonne bouffe, tu es franc-maçon, tu t'occuperas du Parlement* »

L'ancien président du Parti radical siégera avec quatre autres francs-maçons : Alain DEVAQUET ministre aux Universités, Didier BARIANI secrétaire d'État auprès du ministre des Affaires étrangères, Georges FONTES secrétaire d'État aux Anciens Combattants, et André SANTINI secrétaire d'État aux Rapatriés d'Afrique du Nord.

La tradition veut que le ministère de la Coopération soit confié à un maçon. Michel ROUSSIN, ex-préfet, en avait le profil maçonnique. Ils étaient neuf initiés sous chacun des premiers gouvernements de gauche. Une douzaine dans celui de Pierre BÉRÉGOVOY : Roland DUMAS, Henri EMMANUELLI, Charles HERNU, Pierre JOXE, André LAIGNEL, Roger BAMBUCK, Olivier STIRN, Jean POPEREN. En France, la franc-maçonnerie est semble-t-il restée sensible aux idées de gauche. Depuis l'époque CHIRAC, il est difficile de savoir qui dans l'hémicycle en est ou n'en est pas, « *Il va nous falloir un peu de temps pour retrouver nos marques* » soupirait Guy LENGAGNE, président sortant de la fraternelle parlementaire. Un lieu privilégié absent de tout clivage politique, les frères se disent ce qu'ils taisent à la tribune du Parlement...

Selon Jean-Paul DAVIN, chargé des relations avec le parlement, l'entourage du premier ministre était surtout composé de représentants de l'inspection des Finances et de membres du Conseil d'État, tout juste si dans son Cabinet on ne repérait pas facilement un frère maçon à un poste traditionnellement dévolu aux maçons. Le parti gaulliste du RPR était moins encore farouche envers les maçons, ses caciques (élève reçu au concours de l'école normale supérieure) n'oublient pas que c'est de GAULLE lui-même qui a rendu sa vigueur à une maçonnerie frappée d'interdiction sous le gouvernement de Vichy.

Jacques CHIRAC de son côté considérait les maçons d'un œil bienveillant. Son grand-père paternel y fut initié. Si le comité central du RPR ne comprenait que deux maçons, il n'en était pas de même à la mairie de Paris. Le bâtiment de l'Hôtel de Ville abritait parmi ses 4000 employés « *pas moins de 680 maçons* » affirme Jacqueline NEBOUT, adjointe au maire et «*sœur*» de l'obédience mixte du Droit humain.[54] Cette sorte d'histoire au

[54] Source : les Francs-maçons et la droite, par Marylène DAGOUAT, Dominique de SAINT-PERN, l'Express publié le 06/05/1993.

demeurant sympathique pourrait bien se répéter de multiples fois dans tous les pays, puisque la franc-maçonnerie opère depuis fort longtemps à toutes les strates de la société civile et politique.

DÉSARMEMENT ET FAUX SENTIMENT DE PAIX ONUSIENNE

Au printemps 2003, Nelson MANDELA, ancien président d'Afrique du Sud, franc-maçon, venait de subir une peine de prison de 26 ans, la plus longue période d'incarcération politique, pour avoir courageusement défendu ses convictions de liberté, de fraternité. Il déclara « *Que le nouvel ordre mondial se concentre sur la démocratie, la paix, la prospérité pour tous, comment apprendre à l'aimer ?* » C'est dire l'esprit positif et constructif qui anime une majorité de francs-maçons. Dans une société sensibilisée par une culture de tradition judéo-chrétienne, naturellement attachée à la paix civile, ce type d'annonce est marquant pour les populations mêlées.

L'appel pour que les nations renoncent au perfectionnement de leur armement et puissent proclamer la paix, l'unité, tendre à plus de justice, est de nature à conditionner positivement la grande multitude des gens. C'est un tremplin pour qu'ils acceptent consciemment ou inconsciemment la mise en place d'un nouvel Ordre politique du monde.

Il est bien naturel pour tout un chacun d'aspirer à la tranquillité et à une certaine prospérité, à la paix. Toutefois, cette quête prend une dimension particulière dans l'actuel contexte international très instable, incertain, dangereux et oppressant dans tous les domaines : risque de guerre, crise financière et économique historique, accroissement des inégalités, chômage massif, pauvreté, maladies dites de civilisation pour lesquelles la médecine est impuissante. Destruction rapide de l'environnement, l'accélération inattendue du dérèglement climatique. La faillite économique grandissante des États-nation avec ses multiples conséquences sociales. Ces immenses problèmes sont les principales appréhensions incitant la grande multitude à rechercher et accepter, faute de mieux, la paix onusienne. Laquelle, en préalable au jubilé que proposera bientôt la nouvelle gouvernance mondiale, est perçue comme un premier moyen légalisé pour rassembler et unifier tous les peuples.

Dans ce contexte troublé, des personnalités aussi exemplaires et charismatiques que Nelson MANDELA, conscience morale de l'Afrique, agissant avec sincérité et de leur propre chef, jouent un rôle qu'elles n'imaginent même pas. En proclamant des paroles d'espoir et de concorde, dont le thème correspond aux idéaux fraternels de la franc-maçonnerie repris en boucle par d'autres hommes et organisations pro-universalistes à travers le monde, elles se laissent influencer par la politique fictive et trompeuse du **CFR**. De la sorte, elles se positionnent d'elles-mêmes dans le cercle du treizième grade de l'Ordre Illuminati. Lequel correspond aujourd'hui au cercle extérieur, ou troisième cercle, dans l'organigramme de la véritable gouvernance mondiale, sous les traits du Bilderberg group.

Ainsi, elles entrent d'elles-mêmes comme de jolis petits poissons multicolores dans le filet à petites mailles de la gouvernance occulte. Une façon indirecte, mais très active, de concrétiser la planification des esprits brillants visant au rassemblement des masses humaines. La tactique consiste à user très habilement de la propagande de paix et de concorde entre tous les peuples, une condition unificatrice essentielle à l'ultime étape inaugurale du N.O.M..[55]

---

[55] Voir une première tentative d'unification de toutes les religions en l'an 2000 – Et le discours d'OBAMA au Caire.

UNE DOUBLE INITIATION POUR SOUTENIR LA STRUCTURATION DU NOUVEL ORDRE MONDIAL

Parmi les deux à trois mille Maçons les plus influents au monde, toutes loges confondues, une partie représentative de cette élite maçonne est intégrée à l'un des deux cercles extérieurs de la véritable gouvernance mondiale, surtout au sein de la Direction politique. Ils le sont soit de leur propre chef, soit par sollicitation de réseaux d'influence, ou plus rarement par auto maillage à l'exemple de Nelson MANDELLA. Seul un petit nombre, une trentaine d'hommes initiés au 33ᵉ niveau sur 33 de la franc-maçonnerie anglaise, la plus puissante au monde, fait partie du cœur de cercle, la partie centrale décisionnaire de cette direction politique. Ces esprits brillants sont donc doublement initiés, une première fois par le rituel maçonnique anglais, une deuxième fois par l'adhésion initiatique à la cause suprême. Dès lors ils deviennent à la fois partie prenante de la confrérie des esprits supérieurs, l'actuelle véritable gouvernance mondiale, et partie contractante du pacte en vue de l'instauration prochaine d'un nouvel Ordre financier, politique, social, environnemental, du monde

Depuis le dix-huitième siècle, époque dite des lumières, de la montée en puissance des Illuminati ou esprits brillants, de l'occultisme, de l'alchimie, tous les francs-maçons se sont engagés par l'acte d'initiation à rester absolument fidèles à toutes les obligations qu'impose le serment de soutien à l'obédience de leur loge, de leur confrérie. La grande majorité des maçons des premiers degrés, environ 4 millions d'hommes, sont entièrement soumis à leur devoir d'obédience maçonne. De ce fait, sans pouvoir l'évaluer, le mesurer, ils se placent sous la tutelle de la minorité d'esprits supérieurs, doublement initiés, aux commandes de toutes les loges de la franc-maçonnerie mondiale par le moyen de leurs réseaux d'influence intra maçonniques.

Loyaux à leur axiome tous les Maçons adoptent donc en ligne de fond la même pensée philosophique de paix, de concorde, de type universaliste, que celle fixée par les esprits supérieurs. Par là même tous les francs-maçons des premiers grades se positionnent comme partie intégrante de l'actuelle véritable gouvernance mondiale, sur le point de devenir le nouvel Ordre du monde. L'ensemble maçonnique mondial en s'agrégeant ainsi, en partie prenante, et en partie intégrante à l'organisation internationale des esprits supérieurs, s'est constitué en principal soutien de cette gouvernance occulte. Ils en deviennent donc un élément structurant de tout premier choix pour composer le futur corps de l'administration du nouvel Ordre mondial, tout en s'évertuant à donner l'image d'une confrérie qui rejette une quelconque attache à un autre ordre, un autre mouvement religieux, une autre organisation que la leur.

LA FRANC-MAÇONNERIE SE DÉFEND D'ÊTRE UNE SECTE

L'ensemble des religions et organisations ésotériques se dit non sectaire. « *Secte* » est une connotation parmi les plus troublantes et les plus sombres qui soient. L'étymologie du mot éclaircira le sujet : Secte vient du latin secta, c'est un substantif (nom) qui a pour origine vraisemblable deux verbes : sequor (origine la plus ancienne) et secare. Sequor signifie suivre, dès lors le mot secte précise d'aller à la suite, au sens d'individu marchant dans les traces, le modèle, d'un maître. Cette définition peut s'appliquer à une école philosophique, une faction (groupe), un parti politique… L'origine du mot remonte au premier siècle.

Le Nouveau Testament relate de son utilisation première décrivant les rites, coutumes et croyances, de la secte, ou parti, des pharisiens (Actes 15 : 5 – 26 : 5), de la secte des sadducéens (Actes 5 :17), de la secte des Nazaréens (Actes 24 : 5). Dès le premier siècle, les premiers chrétiens juifs en particulier étaient assidus à l'enseignement de Jésus Christ, ils furent assimilés par les chefs religieux juifs pharisiens et sadducéens❭ à la secte des Nazaréens représentée par les disciples de Christ (Jésus, fils du charpentier Joseph, ayant passé toute son enfance dans la circonscription de Nazareth, située à 100 km de Jérusalem). Le terme sequor fut donc appliqué aux premiers chrétiens, du vivant de Jésus, d'abord par les chefs religieux juifs. Ce qui constitua dans l'histoire du christianisme le premier total contre sens d'appartenance à une secte. Le fondateur du christianisme ayant été critiqué, puis martyrisé ultérieurement, non par les Romains, mais par les mêmes chefs religieux juifs❭.

Secare signifie couper. Cette nouvelle racine infléchit le sens du mot secte, car ainsi l'on peut définir un groupe se séparant d'un autre groupe dit dominant. Ce dernier utilise le sens péjoratif de cette nouvelle expression pour qualifier et juger le groupe minoritaire se séparant de lui. Les membres minoritaires ayant été considérés comme sectateurs, ou coupés des majoritaires, pour avoir suivi un nouveau maître, vu comme hérétique par le groupe majoritaire. Mis à part le christianisme originel, et à moins de ne pas vouloir reconnaître Jésus Christ en principal conducteur et maître enseignant, l'on peut en conclure que ce sont tous les mouvements religieux séparatistes des enseignements de Christ qui se positionnent en groupes mystiques ou ésotériques. Ils ne peuvent donc pas prétendre être considérés comme non sectaires. L'histoire en atteste, dès l'origine des temps jusqu'à nos jours ils ont été largement majoritaires.

LES SECTES AU COURS DE L'HISTOIRE, EN ABRÉGÉ

➢ Au premier siècle, sur la base du Nouveau Testament, pour le monde romain ou juif, le terme secte (sequor) définissait un groupe d'individus ayant choisi de suivre un maître, principalement Jésus Christ.

> Au troisième siècle, après l'édification de la religion catholique par l'empereur païen CONSTANTIN, l'écrivain LACTANCE utilisa le terme hérétique (secare) pour désigner des groupes déviants de l'Église catholique.

> Au cours du douzième siècle, les cathares dénoncèrent un clergé catholique riche et souvent corrompu. Ils se développèrent parmi toutes les couches de la société. Ils voulaient se rapprocher du christianisme originel, considérant qu'il y avait deux principes supérieurs le bien (Dieu) et le mal (Satan ou opposant). Ils étaient assurés d'une perspective de résurrection céleste, raison de leur vie de pauvreté et de renoncement pour tendre vers une perfection spirituelle. Ils rejetèrent donc tous les sacrements catholiques. Une situation préoccupante pour l'Église dominante, dès 1119, le pape CALIXTE dénonça cette contre-église.

FAIRE ABJURER LA FOI DES CATHARES, LA GRANDE BOUCHERIE

La guerre contre l'hérésie-secare s'enclencha pour faire abjurer la foi des cathares. En 1209, le pape INNOCENT III décida d'organiser la croisade des Albigeois, une expédition contre les ennemis de la papauté. Le pape accorda aux croisés les mêmes conditions d'indulgence et les mêmes faveurs que celles accordées contre les Arabes dits infidèles occupant la Terre sainte de l'ancien Israël afin qu'ils puissent combattre les cathares sans avoir à éprouver le moindre remord de conscience. Ainsi allégés de tout poids moral, les croisés entrèrent en guerre dans leur propre pays, à Béziers, puis à Carcassonne, Montpellier, l'Ariège… Par milliers, les cathares furent affamés, battus, torturés, brûlés vifs, pendus, ce fut la grande boucherie.

LA RÉFORME PROTESTANTE POUR DÉNONCER TOUS LES FAUX ENSEIGNEMENTS

➢ Dès le quinzième siècle, la réforme protestante voulut considérer la religion comme une vie de pratiques sociales, tout en cherchant un retour à la source du christianisme. Ils utilisèrent l'imprimerie pour diffuser la Bible, non en latin, mais en une langue populaire compréhensible pour tous (l'allemand tout d'abord). Cette initiative pour démontrer principalement que les Saintes Écritures ne font pas mention des saints, du culte de la vierge, du passage au purgatoire de feu éternel, de la Trinité... Que le salut ne peut pas être obtenu par le commerce des indulgences. La réforme toucha la moitié de l'Europe du Nord-Ouest.

➢ Les tentatives de conciliation échouèrent, ce fut la scission entre l'Église catholique romaine et les églises protestantes. La contre-réforme (politique) de l'Église catholique lors du concile de Trente en 1545 ne lui permit qu'une reconquête partielle des populations entrées en réforme. En 1598, l'édit de Nantes d'Henri IV permit la liberté de culte aux protestants, ce qui mit fin au ravage des guerres de religion, mais ce ne fut qu'un répit de courte durée.

LES DRAGONNADES, LES IGNOBLES PERSÉCUTIONS, LES CONSÉQUENCES POUR L'ÉCONOMIE FRANÇAISE

➢ Dès les années 1660 – 1685, les autorités catholiques du pays de France se distinguèrent à nouveau par leur cruauté en influençant le roi Louis XIV pour qu'il décide d'une campagne de conversion des protestants au catholicisme à travers le royaume. Ce fut les ignobles dragonnades imposant aux familles d'héberger à leur frais un soldat (Dragon). Les soldats exerçaient diverses pressions sur elles pour les faire abjurer. S'ils résistaient, ils étaient persécutés de diverses façons : gavage avec de l'eau, coups, brûlures, incendie, vol, viol, dépouillement de leurs biens…. Le roi obtint un certain succès, l'édit de Nantes fut vidé de son contenu, jusqu'à sa révocation définitive en 1685.

➤ La révocation de l'édit de Nantes en 1685 poussa environ un million de huguenots (protestants) à quitter la France. Malgré l'interdiction et sanction de s'expatrier, ils partirent d'abord vers la Hollande, puis vers l'Allemagne (doublant la population de Berlin…), la Suisse, à Genève, l'Angleterre, l'Italie, à Gênes, la Suède, le Danemark, le Canada, l'Amérique du Nord, à Boston, New York, en Virginie et Caroline, en Amérique du Sud, dans l'océan indien, aux Antilles, en Afrique du Sud. Parmi eux de nombreux artisans et entrepreneurs démunis de tous leurs biens, mais possédant un savoir-faire considérable dans divers domaines d'activité : l'agronomie, la construction navale, l'imprimerie, le tissage et traitement du coton, de la soie, l'organisation structurelle de la république… Dans son mémoire, VAUBAN l'ingénieur français d'État, détaille l'ensemble des conséquences néfastes que leur départ a causé à l'économie nationale.

➤ Une minorité de calvinistes refuse l'Église d'Angleterre, ils sont persécutés, certains émigrent aux Pays-Bas, d'autres en Amérique, ce furent les célèbres pèlerins du Mayflower ayant débarqué en 1620 sur le continent du Nouveau Monde.

LES SECTES ET L'OPINION PUBLIQUE

Il y a une trentaine d'années, dans la plupart des pays occidentaux, l'idée de secte était associée au protestantisme, à la réforme luthérienne. La France est très ancrée dans la tradition catholique, comme l'Angleterre dans le protestantisme. Dans les années 1945, pour le plus grand nombre, être français s'assimilait à être catholique, du fait de sa famille, son baptême, son héritage culturel et patrimonial. Les alternatives socioreligieuses étaient rares, cela correspondait à l'identité et à la culture française (morale, valeurs, enseignement, vocations…). Dans cette optique la religion de famille est considérée en une superposition de la référence de Dieu. Elle est censée coiffer, couvrir, de son essence de vérité la référence confessionnelle provenant de la tradition générationnelle. Ici l'Église catholique romaine, ailleurs l'Église protestante, le culte mahométan… C'est l'assurance passive pour l'individu que sa religion de référence propose le vrai et le bon contenu tout autant que la bonne et juste manière de croire en Dieu.

Dans d'autres pays occidentaux, Allemagne, Hollande, Suède, Angleterre, Irlande, États-Unis… la population restera attachée à la culture protestante. Toutefois, le protestantisme du XXe siècle ne s'est pas débarrassé de tous les principaux dogmes catholiques : la croyance en la Trinité, l'immortalité de l'âme, les tourments éternels dans les flammes de l'enfer, la fête de Noël, sont autant de bases restées communes entre ces deux principales religions, dont l'origine remonte à la Babylone antique – ***Les deux Babylones***

AU-DELÀ DE LA RELIGION HÉRITÉE DES PARENTS, LES AUTRES SOURCES RELIGIEUSES SONT NÉCESSAIREMENT DANS L'ERREUR

Ces fidèles à la religion de leurs ascendants se contentent d'imprégnation, de vision mentale basée sur une tradition copiée-collée, plutôt qu'objectivée par l'analyse des sources et origines cultuelles sises à la base de la religion héritée de sa famille. Les traditionalistes sont assurés de la justesse de leur postulat, ils considèrent les autres églises et religions comme étant nécessairement dans l'erreur, l'égarement, le mensonge.

Avec ce cheminement mental d'exclusive, volontairement entretenu par l'individu et par la société environnante, l'on peut comprendre la méconnaissance, l'ignorance, manifestée par une grande majorité de gens au sujet de leur propre religion. Soudés à ce schéma mental, ils se refusent catégoriquement d'approcher analytiquement d'autres sources, les considérant d'emblée comme malsaines et dangereuses.

L'ÉMERGENCE DE NOUVELLES SECTES

Dans les années 1970, le sens du mot secte va considérablement évoluer avec l'émergence de ce que l'on appela les nouvelles sectes originaires d'outre atlantique et d'Extrême Orient. Elles sont synonymes de danger, pas seulement du point de vue doctrinal, mais surtout comportemental en violation des lois naturelles de moralité, des règles judiciaires. La pluralité religieuse se réclamant du christianisme a contribué à semer plus encore le doute et la confusion dans l'esprit du plus grand nombre. Beaucoup de croyants plus ouverts à la recherche de la connaissance ne savent pas comment déterminer la nature exacte de la pratique cultuelle chrétienne originelle. Ce méli-mélo est entretenu au quotidien par une multitude de signes, de sigles, de rituels, portant l'empreinte d'un symbolisme d'origine païenne.

Selon la philosophie actuellement en plein essor du New Âge, inspirée du druidisme, l'usage du symbole est égal à la quintessence, ou cinquième élément qui en s'ajoutant aux quatre autres (la terre, le feu, l'air, l'eau) en assure la cohésion, tout en restant la partie secrète des corps, de la matière. Les alchimistes se désignaient eux-mêmes abstracteurs de quintessence, en sachant extraire la partie la plus subtile d'un corps avec une énergie magique. De nos jours, toute la société humaine, troublante pour les riches, dégradante, affligeante, pour les pauvres, opprimante pour la plupart, est inondée de signes et symboles mystiques, de logos commerciaux et d'images subliminales, dont une majorité passe inaperçue.

LA CONDITION PSYCHIQUE AFFAIBLIE DU PLUS GRAND NOMBRE DE GENS, LE MOYEN DE LES MODELER

Le milieu multiconfessionnel vague, confus, du monde constitue donc pour les influents alchimistes de la gouvernance occulte un puissant moyen tout à la fois d'extraire et d'utiliser la condition psychique affaiblie du plus grand nombre à leur entier détriment. Pourtant chaque individu, au cours de sa vie peut avoir la latitude de combler cette faiblesse. Il lui suffirait de rechercher méthodiquement la vérité divine consignée dans les saintes Écritures et d'éprouver ce que vaut réellement la validité de cette vérité. Ce serait pour lui le seul véritable moyen de trouver un sens à sa vie et de développer de vraies valeurs morales et spirituelles. Pourtant, une majorité de gens refuse catégoriquement l'idée de se rapprocher de ce fondement, moins encore de s'y conformer. Trompés par le faux raisonnement de leur propre cœur, ils ne cherchent rien d'autre que d'assouvir leurs propres désirs égoïstes.

Si ce potentiel d'acquérir de telles richesses spirituelles à l'état original n'est pas utilisé, forcément l'individu restera livré à lui-même tout autant qu'à l'influence déstabilisatrice du milieu qui l'entoure. En campant obstinément sur ses positions, dans une condition d'isolement, l'individu s'expose inévitablement à être modelé consciemment ou inconsciemment par le pouvoir d'influence d'un monde entièrement au pouvoir de la gouvernance occulte. Ce simple constat lui échappe totalement, et dans tous les cas de figure il se croira toujours mentalement assez fort pour s'accommoder de cet environnement mentalement néfaste et même de s'y complaire.

C'est exactement à ce type de réaction et de comportement qu'ont voulu les conduire les esprits supérieurs pour mieux les isoler et les tenir en bride, leur façon à eux d'extraire la quintessence d'âmes déjà bien évidées. Les moyens ne leur manquent pas, l'incessante propagande des médias mis sous tutelle, la recherche incessante du matérialisme, le mysticisme religieux, le poids de la tradition religieuse générationnelle...

CELUI QUI SE CROIT FORT RESTE À LA MERCI DE BIEN PLUS OPÉRANT ET RUSÉ QUE LUI !

Sans réelle compréhension sur la nature exacte de ses propres attaches religieuses, ou de la cause de son athéisme, sans volonté de rechercher la connaissance exacte, sans discernement sur l'évolution, l'anormalité, l'issue des événements mondiaux, celui qui se croit fort reste à la merci de bien plus opérant et rusé que lui. La toile finement tendue par la véritable gouvernance mondiale a permis aux esprits supérieurs de piéger les masses humaines et d'entretenir sans cesse cette confusion mentale et cet évidage systématique de l'esprit. À cette fin, en amont des peuples, des mouvements religieux, des gouvernements nationaux, des institutions internationales et des groupes de médias, elle a établi et instrumentalisé diverses structures internationales pour mener à bien ses objectifs ambitieux, les premières d'entre elles ont été de puissants cercles de réflexion au service de son plan universaliste.

CHAPITRE 11

LES CERCLES DE RÉFLEXION ET ORGANISATIONS SECRÈTES DU CARTEL

LE CLUB DE ROME – ZONE 1B - UN SIMULACRE DE GESTION DES BIENS DE LA PLANÈTE TERRE

Le Club de Rome, créé en 1968, est un think tank, ou lieu de réflexion réunissant des scientifiques, des économistes, de hauts fonctionnaires. Ils élaborent des projets à la demande du milieu industriel de cinquante-trois pays qui assure le financement de ces travaux. Le but est la recherche de solutions utiles à une nouvelle forme de gouvernance mondiale, avec une optique environnementale et démographique, dans un concept de développement durable.

En 1972, le Club de Rome rend public son premier rapport sur les limites de la croissance économique et les risques d'une démographie sans retenue ; sur l'épuisement annoncé des ressources de la planète d'ici à la fin du 21ᵉ siècle. Le modèle de croissance est remis en cause, car il pourrait aboutir à un effondrement économique en pleine période de crise pétrolière. Ce rapport fut accusé de catastrophisme et ses conclusions sont encore contestées. Ce sont les mêmes intervenants qui dirigent le Bohemian's club, l'Aspen institute, le CFR, la Commission Trilatérale.... Le Club de Rome se distingue par une grande sensibilité pour Gaïa, la Terre-Mère, afin de la préserver avant qu'il ne soit trop tard pour pouvoir le faire. Dans le cadre des objectifs universalistes du N.O.M., cette préservation représente un volet d'intervention urgent et très sensible aux yeux des esprits supérieurs, une de leurs priorités à court terme.

L'Aspen Institute – zone 1B – Le Visionnaire aux yeux rivés sur le N.O.M.

Créé en 1950, l'Aspen Institute est un centre international d'échange et de réflexion indépendant. Le but, non lucratif, est d'aider les décideurs du monde entier issus du milieu économique, politique, universitaire, associatif et des médias, à mieux identifier les défis contemporains à relever.

Dans un cadre informel, les participants s'accordent à mettre en commun leurs moyens intellectuels pour trouver des solutions d'avenir afin d'établir rapidement une nouvelle structure sociétale de type universaliste, incluant également la préservation environnementale de Gaïa. Une représentation de l'institut Aspen existe dans la plupart des pays.

À l'identique du Club de Rome, les principaux intervenants sont aussi membres du CFR et de la Trilatérale… Parmi eux : Henry KISSINGER – Helmut KOHL – Edzard REUTER, l'ancien président de Daimler – Steven MULLER de la Réserve Fédérale Américaine (FED) – Robert KIMMIT haut responsable militaire américain – Thorvald STOLTENBERG, ancien ministre de Norvège, ancien coprésident des Nations Unies (ONU)… L'on y retrouve les principales composantes élitaires de la véritable gouvernance mondiale.

LA FONDATION SAINT-SIMON

Cette structure n'apparaît pas dans l'organigramme, il est néanmoins utile de la citer, car elle a joué un rôle de subornation très important auprès des partis socialistes européens pour les détourner de leur foi politique. Son objectif consistait à convertir et suborner la politique sociale. Tandis qu'officiellement, la Fondation Saint-Simon, fondée en 1982 par l'historien François FURET et Pierre ROSANVALLON, avait pour but d'analyser la civilisation contemporaine. Elle fut dissoute en décembre 1999, mais selon ROSANVALLON elle avait accompli sa mission. Ses membres étaient de grands chefs d'entreprise, des politiques, des patrons de presse, des universitaires français. Une centaine d'entre eux formait un cœur de cercle coopté, ils se réunissaient à huit clos. 500 adhérents composaient le cercle extérieur. Ils participaient à des séminaires à l'invitation du cœur de cercle, alors qu'un public plus large était informé de certains de leurs travaux. La Fondation Saint Simon était membre du Club de l'HAGUE, un groupe international de contact réunissant vingt-cinq organisations similaires dans le monde.

C'était un club très fermé, dit cercle de la raison, critiqué pour être un cercle de la pensée unique. En 1999, date de la dissolution, quelle avait été sa mission ? Ce fut une infiltration de la gauche française pour l'influencer, la convertir, au libéralisme économique, pour finalement la soumettre aux règles impitoyables de la globalisation, du mondialisme. La Fondation fut saluée de multiples façons après avoir opéré un véritable changement de prise en compte sociale dans la politique française. L'on comprend mieux pourquoi les électeurs européens de gauche ne savent plus faire le distinguo d'avec les projets de droite et pourquoi l'on assiste au délabrement et au démembrement des partis européens apparentés à la gauche socialiste, alors que ces partis étaient florissants jusqu'aux années 1980. Aujourd'hui, c'est l'absence de grands projets.

Comment pourrait-il en être autrement puisque les programmes de ces grands partis socialistes sont morts nés, claquemurés dans l'enceinte de la mondialisation, alors qu'ils étaient autrefois prolixes et promis au meilleur avenir. Il n'est donc pas surprenant que ce type d'infiltration subversive ait été étendu à tous les partis socialistes d'Europe. En réalité après sa dissolution, cette organisation n'est pas morte. Une fois sa mission de subornation du socialisme accompli, comme les cendres apparemment inertes utilisées lors d'une transmutation alchimiste, les membres du cartel St Simon ont intégré une autre organisation de même acabit aux objectifs mondialistes. Elle a juste changé de nom pour devenir le siècle, un nom qui en dit long sur le projet à venir.

LE SIÈCLE – ZONE 1B– DE L'ORGANIGRAMME. C'EST LA TÊTE COUPÉE DE L'HYDRE QUI RÉAPPARAÎT

C'est le 4ᵉ cercle de réflexion, le plus influent au plan mondial. Il n'est autre que la continuité de la Fondation St Simon, la tête coupée de l'hydre qui réapparaît. Le siège est en France, réunissant environ cinq cents membres, tous choisis par cooptation. Ils sont les plus influents et les plus puissants de la classe dirigeante politique française, d'obédience politique de droite comme de gauche.

Ce sont aussi les patrons des plus grandes entreprises françaises, des universitaires, des journalistes de premier plan ayant un fort pouvoir d'influence auprès de l'opinion publique. Une fois par mois ils se réunissent à l'Automobile Club de France et débattent. Chaque année, deux cents nouveaux invités sont conviés aux réunions. La chaîne de télévision Canal plus dans son émission fétiche les guignols les a caricaturés, les identifiant à une organisation nommée le Spectre, gouvernant secrètement la France.

L'IFRI – ZONE 1B– DE L'ORGANIGRAMME – UN CFR MADE IN FRANCE

L'IFRI (Institut français des Relations internationales) est l'un des trois cercles de réflexion les plus influents dans le monde, avec le Siècle et la Fondation Concorde. Son activité est orientée vers la politique internationale, incluant des questions sur l'économie, la mondialisation, ou les méthodes de gouvernance. L'IFRI rassemble des personnalités politiques de droite et de gauche, des patrons de grandes entreprises, et quelques universitaires. Il est principalement financé par les dons des plus grandes entreprises françaises, de quelques entreprises européennes et américaines. La liste de ces entreprises est impressionnante. La quasi-totalité des sociétés du CAC 40 (indice de référence boursier français) y est représentée. Tous les membres de ces cercles de réflexion sont initiés à la cause grandiose, ou doublement initiés à la franc-maçonnerie anglaise, voire européenne. Nombre d'entre eux appartiennent à d'autres organisations secrètes de la gouvernance mondiale occulte.

LE CLUB DE LA HAYE – ZONE 1B– LE SIÈGE DU RÉSEAU MONDIAL DES CERCLES DE RÉFLEXION

Ce Club animé par la CIA est le siège du réseau international des think tanks, regroupant plus de 25 organisations similaires à la fondation St Simon, au siècle, à l'IFRI…

En 1964, la Fondation Ford travaillant pour le compte de la CIA avait organisé à Berlin un symposium en vue de la création en Europe de fondations selon le modèle nord-américain. En 1969, les premières fondations européennes, sous les auspices des fondations Ford et Rockefeller, furent invitées à un séminaire de travail en Italie pour créer un groupe de contact permanent, le Club de La Haye devenait opérationnel en les coordonnant. Depuis lors, ce cartel organise plusieurs rencontres annuelles. La première fut consacrée à la recherche de financement, les suivantes à l'étude d'un ou deux thèmes de propagande que chaque fondation devait populariser dans son pays.

En 1982, la Fondation St-Simon à peine créée reçoit les membres éminents du Club de La Haye à Paris. L'objectif est de briser les sociétés traditionnelles par le développement incontrôlable du multiculturalisme. Un modèle d'intégration présenté au grand public comme une image de cohésion sociale et culturelle, alors qu'il ne s'agit que d'un élément de fragmentation et de division qui génère une déferlante de populisme. En témoigne l'actuelle scission grandissante à ce sujet, parmi les membres de la classe politique internationale. Parmi les populations de la plupart des pays occidentaux, l'on assiste à la montée en puissance des dissensions sociales, de la xénophobie, de l'islamophobie, et bientôt ce sera l'affrontement et la multiplicité d'émeutes incontrôlables.

LES PRINCIPALES ORGANISATIONS SECRÈTES, SOURCE SPIRITUELLE OCCULTE DU N.O.M.

Symbole du Bohemian's club

Symbole des Illuminati ou esprits supérieurs et des Druides

I - LE BOHEMIAN'S CLUB – ZONE 1A DE L'ORGANIGRAMME

La fausse sagesse et les rituels ancestraux des Druides

Le BC est la principale société secrète de la gouvernance occulte dont le point de rassemblement est situé à Santa Rosa en Californie, à 120 kilomètres au nord de San Francisco. Crée en 1872 par cinq journalistes du San Francisco-Examiner, c'est l'un des clubs les plus fermés au monde. Il est réservé à une élite, regroupant environ 2300 hommes d'influence, d'origine nord-américaine, européenne et asiatique. La cotisation annuelle et la compensation aux déficits sont de l'ordre 10 000 à 20 000 $.

Pour en faire partie, la liste d'attente exige une dizaine d'années de patience. L'immense majorité des membres sont californiens, un cinquième possède une ou plusieurs des mille entreprises classées dans le magazine Fortune, soit environ le quart de la fortune privée des États-Unis. Ce sont des PDG d'entreprise, de hauts fonctionnaires, des membres de conseils politiques ou de fondations. Ils sont l'élite de la justice, du commerce, du milieu universitaire, médical, scientifique, littéraire. Tous se réunissent chaque année, les deux dernières semaines de juillet dans la forêt californienne.

L'historien d'investigation de grand talent Antony SUTTON, cité plus haut en 2ᵉ partie, dans ses enquêtes sur les organisations opérant secrètement et les sociétés secrètes (CFR – Trilatérale – Bilderberg, – le siècle – Skull and Bones…) éditait un mensuel « *the Phenix Letter* ». Celui d'août 1981 mentionnait une liste partielle des membres influents du Bohemian's club. Pour autant, il n'est pas nécessaire de se focaliser sur l'identité précise de toute l'élite formant la tête et le corps de l'actuelle véritable gouvernance mondiale. Il suffit de savoir qu'il s'agit d'une classe de personnalités de la société civile, riches, influentes, souvent charismatique à l'instar des anciens druides.

Par contre, il est utile de bien assimiler l'impact indélébile que produit l'initiation à la cause grandiose sur le psychisme de chacun d'entre eux. Conjointement, sur la base de notre ouvrage «*Crise économique majeure, origine – aboutissement*», bien saisir comment ils ont pu générationnellement être à l'origine de l'actuel enlisement économique et social. Toutes ces explications permettront de mesurer les multiples conséquences sociétales gravissimes qui en ont découlé afin de conditionner les peuples et les États pour qu'en finalité ils acceptent de bon gré le programme de sauvegarde d'un nouvel Ordre mondial tant économique qu'environnemental.

En 1942, *ils ont osé le projet Manhattan*. Ernest LAWRENCE, quelques officiers de l'armée, le président de Harvard, les représentants de Standard Oil et de General Electric, en étaient les principaux participants. Depuis cette époque, tous les seniors du Club sont fiers de raconter aux nouveaux membres comment ils ont pu développer le projet de la bombe H. Dans le parc californien du BC, une statue géante de douze mètres, en forme de hibou, taillée dans la roche, surplombe leurs réunions secrètes. La figure mythique de cet oiseau a même été reproduite en minuscule figurine sur les planches à billets de la FED, sans que le plus grand nombre y prête attention. Que représente ce symbole[56] apparaissant tout en finesse cette fois en miniature sur l'angle droit du billet d'un dollar américain.

POURQUOI AVOIR CHOISI L'EMBLÈME DE LA CHOUETTE OU DU HIBOU ?

Les Athéniens vénéraient la chouette, qui était la compagne d'Athéna, déesse de la guerre et de la sagesse. C'était l'emblème de Minerve, la seconde déesse de la sagesse et celle de la science.

---

[56] Voir plus haut, le sous-titre – ils ont besoin d'un support matériel pour tirer force de l'esprit.

Le symbole même de la philosophie, parce que le discours du philosophe survient après le moment où l'événement historique a délivré son message.

Son enseignement est à l'image de la chouette sortant de son repaire quand la nuit tombe, car c'est précisément à ce moment-là, après la lueur des combats de toutes sortes, à l'issue de multiples activités humaines, qu'elle voit ce que les autres ne voient pas, ne peuvent pas voir. C'est un oiseau très discret se déplaçant dans le plus grand silence, surprenant ainsi ses victimes.

Aucun autre oiseau ne vole aussi discrètement. Son secret physique est d'avoir sur les bords supérieurs des franges un duvet qui disperse les ondes sonores générées par l'écoulement de l'air au-dessus des ailes. Lors du mouvement descendant, le plumage duveteux de son corps absorbe le son subsidiaire. De plus, le hibou ou grand-duc a la capacité d'attaquer indifféremment de petites proies, comme de très grandes, un renard ou un jeune cerf par exemple.

UN SYMBOLE PAÏEN, PARMI D'AUTRES, UTILISÉ DEPUIS L'ANTIQUITÉ

Chez les Indiens d'Amérique du Nord, le hibou était censé donner aide et protection durant la nuit, ce qui poussait les indigènes à porter ses plumes lors de certaines cérémonies rituelles. Pour les ethnies indo-américaines, la chouette représentait le dieu des enfers, une divinité de la mort, gardienne des cimetières, rassurant les superstitieux. C'est donc un symbole païen[57] diversement utilisé au cours de l'histoire. A l'époque antique, chaque divinité était représentée par un symbole-objet : double hache, svastika - croix gammée, botte de roseau nouée, rosace… ou par un symbole animal : bouquetin, scorpion, hibou… La vaisselle peinte des civilisations de Halaf – Samara, et l'art de graver sur la pierre – glyptique – dans l'antique Warka (ville d'Uruk dans la province d'Al-Muthanna en Irak), donnent de multiples exemples précisément datés. L'anthropomorphisme ou l'attribution de caractéristiques comportementales ou morphologiques humaines à d'autres formes de vies animales, ou à des objets, voire à des idées, était la pratique du paganisme. Source, la religion babylonienne - un volume in-12 de 151 pages, n° 3 de mythes et religions – Presses universitaires de France, 1952. –

Au VIIIe siècle av. J.-C, parmi les trois cents groupes druidiques, existait le cercle de la chouette, dont les adeptes se caractérisaient par un esprit de tolérance et de partage. Depuis cette époque reculée, le druidisme est la religion des Celtes. Elle est issue de peuples pratiquant le chamanisme[58] et de conquérants celtes indo-européens. Le druidisme a traversé les âges dans une forme de clandestinité. Il fut réactivé et amplifié au début du 18e siècle, en phase, exactement de la même façon que les Illuminati – esprits brillants – ou esprits supérieurs – représentés malhabilement par Adam WEISHAUP, à l'époque dite du Siècle des lumières.

---

[57] Voir plus haut – le symbolisme est lié à l'initiation, au secret et au pouvoir.

[58] Le chamanisme ou shamanisme est une des plus vieilles formes de spiritualité de l'humanité, elle est centrée sur la médiation entre les êtres humains et les esprits de la surnature (les morts du clan, les âmes des enfants à naître, les âmes des malades à revitaliser, les âmes du gibier...). Cette médiation a également une fonction économique au sein de la communauté. C'est le chaman qui incarne cette fonction, dans le cadre d'une interdépendance étroite avec la communauté qui le reconnaît comme tel. Le chaman est à la base un sorcier-guérisseur (chaman forestier) et un mage salvateur (chaman de lumière). Le premier est en rapport avec le plan astral (divination), l'autre avec le plan mental (mise sous influence de l'auditoire individuel ou collectif).

L'ESSENCE DE LA SORCELLERIE AUX ANTIPODES DE LA CROYANCE POPULAIRE

Le chaman de lumière devient le druide mage (les druides sont également des mages) qui devint le mage tout court. Le chaman forestier est le druide sorcier de la tradition celtique. À l'origine, ses connaissances furent considérées comme si pures qu'elles constituèrent l'essence de la sorcellerie. Ce qui les place aux antipodes de la croyance populaire en de méchants et terrifiants sorciers habitant de lugubres demeures et jetant des sorts aux gens d'alentour. On peut observer des pratiques analogues au chamanisme chez de nombreux peuples : Mongolie, Népal, Chine, Japon, Corée, Afrique, Australie, chez les Amérindiens d'Amérique latine et chez les Indiens d'Amérique du Nord, pour lesquels le pouvoir de l'univers opère toujours en cercles. Tous les continents sont donc concernés par le chamanisme.

LE DRUIDISME

Le Druidisme est tourné vers le Sacré et la Nature. La spiritualité druidique tend à rapprocher l'Homme de la Terre-Mère (Gaïa en grec) à travers une voie initiatique ancestrale. Son message semble être pacifique – fraternel – et écologique – donc de pleine actualité avec tous les mouvements contemporains et la plupart des personnages qui les représentent de nos jours. Le druide antique était le guide spirituel d'un peule et le conseiller du Roi. Comme le fut CATHBAD en Irlande et Merlin l'enchanteur en brittonique, l'actuelle Grande Bretagne.

La relation entre chamanisme et druidisme s'affine et se fond pour devenir une double fonction de druide-mage et de sorcier, identique à celle qui définit le rôle du chaman. Mais avant tout, il s'identifie en prêtre du sacré, médium des grands Mystères. Dans la société et la tradition celtique du VIIIe av. J.-C. jusqu'au IIIe siècle de notre ère, les druides détenaient le statut de prêtres au sens large (dieux, devins, prophètes). Ils établirent un mixage de leurs connaissances avec celles des chamans regroupant ainsi tout le savoir antique dans ce domaine.

Les auteurs grecs et latins, contemporains des Celtes habitués à vivre dans un milieu matérialiste et souvent barbare, furent admiratifs et très impressionnés par leur charisme (a) et l'étendue de leurs connaissances. ARISTOTE (3e siècle a.v.n.è) les loua pour leur philosophie sur la transmutation[59] des âmes (déplacement d'une âme d'un mort vers un autre corps). Tandis qu'au plan physique, la transmutation de la matière est la principale pratique de l'alchimie. CICÉRON, homme d'État romain, rendit hommage au druide DIVICIACUS pour sa connaissance des lois de la nature et pour ses prédictions sur l'avenir du monde…

CE NE SONT PAS DES SORCIERS AU SENS POPULAIRE DU TERME *POINT CLÉ*

Ces observations distinguées du passé témoignent sur la véritable nature de la personnalité druidique. Elles entrent en totale contradiction avec la description populaire de la sorcellerie, narrant les horribles méfaits de sorciers mystérieux, habillés de noir, habitant de sombres manoirs dont personne n'osait s'approcher. Des ensorceleurs suscitant l'effroi à leur entourage par leur simple présence, sans avoir besoin de leur jeter le moindre charme, ni sortilège. Des personnages dont on craignait même la descendance et que l'on souhaitait voir mis au bûcher dans l'heure. Somme toute, il s'agit là d'une caricature usuelle

---

[59] Voir en 4e partie – l'initiation au N.O.M. impose la transmutation alchimique de l'esprit.

chez les auteurs dits chrétiens. À l'opposé, le druidisme allait bénéficier de l'appréciation de certains historiens à la recherche du passé culturel de l'occident. Les recherches conduites sur la société celtique et sur la pensée druidique confirmèrent le rôle étendu et l'influence insoupçonnée des Druides placés au cœur de la société humaine. Alors qu'ils étaient jusque-là assimilés à de simples sorciers au sens péjoratif, néfaste et diabolique du terme.

LES DRUIDES D'AUTREFOIS ET CEUX DU 21^E SIÈCLE SONT DE BRILLANTS ÉRUDITS

En plus de leur fonction de prêtre chargée de la direction spirituelle des peuples, ils étaient aussi éducateurs, instaurateurs de l'harmonie sociale, philosophes, naturalistes, astronomes, architectes, médecins, juges, ambassadeurs, conteurs ou orateurs. En somme de fameux érudits. Ils étaient considérés comme de grands hommes très naturels ayant l'aptitude de savoir méditer et approfondir leurs doctrines sans se fixer dans les dogmes, donc sans aucune forme apparente d'extrémisme, de fanatisme. Tout au contraire, ils inspiraient toujours la plus grande confiance à un très large public du fait de leur comportement agréable, rassurant, conjointement à leur haut niveau de culture et de connaissances générales, sociales et politiques.

(a). L'oralité aisée de leurs enseignements assurait d'une volonté affirmée de faire évoluer et d'enrichir graduellement leurs connaissances (b). D'ailleurs **la racine du mot celte** dru-wides **signifie très brillant, très voyant**, très savant. D'où la similitude étymologique avec lux - lumière et ferre - porter – porte-lumière, ou Lucifer[60] – définition du dictionnaire Larousse. **La même analogie se rapporte aux Illuminati du 18ᵉ siècle**, ou esprit brillant, esprit supérieur. Lesquels étaient beaucoup plus maladroits que leurs illustres prédécesseurs et bien moins subtils que les actuels successeurs, placés à la tête de la véritable gouvernance mondiale.

Dans l'antiquité, les enseignements druidiques étaient pratiqués en écoles buissonnières. Au plan physique, en forêt naturelle, parmi les arbres, les divers végétaux – sur le plan spirituel, c'est au sens de buisson ardent et de bosquet sacré. En référence au buisson qui brûlait sans se consumer ayant attiré le regard de Moïse pour qu'il entreprenne sa mission envers le peuple de Dieu, 16 siècles avant notre ère.

L'art de cet enseignement nécessitait un apprentissage très long d'une vingtaine d'années et embrassait les sciences, les arts, la philosophie, la métaphysique (philosophie portant sur la cause première de toutes choses), la magie, le magnétisme personnel (la fascination ou le charme émanant d'une personne), le droit, la justice, la science au sens très large, l'alchimie, l'astronomie…

Les Druides rendaient la justice dans les tribus, sur les causes sociales graves et celles à caractère politique. Ils s'assemblaient une fois l'an en des endroits isolés (c) d'une forêt (Carnutes par exemple, une forêt qui en Gaule s'étendait de la Seine à la Loire, incluant les régions de Chartres et d'Orléans), chaque république gauloise y envoyait ses délégués. Sur ce point de rassemblement ils organisaient l'univers social, en harmonie avec la nature et les dieux, ils approfondissaient leurs connaissances des Mystères. Dans le même temps, leurs artisans et artistes développaient leurs talents, répartis en trois classes sociales (sacerdotale, royale et guerrière, artisanale), subdivisées en trois cercles. Le premier

---

[60] Voir plus haut : le sous-titre Initiation et implication luciférienne pour le nouvel Ordre mondial.

cercle avait pour rôle de définir le monde. Le deuxième, le corps, l'âme et l'esprit. Le troisième cercle se rapportait à la déesse aux trois visages, les trois matrones (mères des divinités de la fertilité et de la fécondité portant des cornes d'abondance). L'objet au premier et cinquième siècle de plus d'un millier de pierres votives, ou autels dédiés à leur culte, ils étaient répartis sur le Rhin, en Gaule, dans le nord de l'Italie, en Angleterre….

(a) Ne voit-on pas un rapprochement évident avec nombre de puissants personnages contemporains, membres de sociétés secrètes, appartenant officiellement au milieu politique, industriel, économique, doté d'une personnalité non dogmatique, non doctrinaire, mais tout au contraire très ouverte, de surcroît très charismatique, CLINTON par exemple.

(b) Depuis qu'il a quitté la Maison-Blanche, CLINTON est devenu un conférencier recherché ; ses interventions lui auraient rapporté plus de 40 millions de dollars (de 200. 000 à 475. 000 dollars par conférence). Il discourt aisément et très naturellement sur les problèmes politiques d'actualité, il s'intéresse à la science, la culture… Il a soutenu la candidature de sa femme au siège de sénateur de l'État de New York en ouvrant sans aucun a priori son bureau à Harlem le quartier noir de Manhattan. En juin 2004, CLINTON publie ses mémoires dans un livre intitulé « *Ma Vie* ». Ce livre resta longtemps en tête des meilleures ventes, en particulier sur les sites Internet, lui rapportant au total 12 millions de dollars.

(c) Le rapprochement est tout aussi évident avec le lieu de réunion des membres du Bohemain's club en pleine forêt, incluant un rituel près d'un grand feu.

L'ORGANISATION EN TROIS CERCLES SE RETROUVE DANS LES SOCIÉTÉS SECRÈTES DU 21° SIÈCLE

Toutes les sociétés secrètes sont organisées de façon concentrique, généralement elles sont structurées en trois cercles sociétaux, et ésotériques. Chaque membre s'y positionne selon sa double capacité à savoir garder le secret absolu et selon ses qualités reconnues d'élite des nations.

LE CULTE DU FEU TRAVERSE LES ÂGES

Chez les Druides, le culte de la lumière et du feu y était prépondérant à l'instar des Perses et des Mèdes. La qualité de mage reconnue aux druides, dans un sens positif et constructif, les place dans la ligne des mages-sorciers de l'ancienne Perse. Le culte du feu ou la vénération perpétuelle de la flamme était la principale caractéristique de la religion perse, et babylonienne.[61] Le feu était supposé être la manifestation divine de la lumière céleste. L'on offrait un sacrifice, souvent humain, en face du feu dont la puissance était magique. Le feu symbolise l'esprit, la connaissance intuitive, le prolongement de la lumière dont l'action est prolifique, le moteur de toute dynamique (c).

Dans le parc forestier du Bohemian's club, sur une place aménagée, en l'honneur des membres et de leurs invités, placés sous haute surveillance, des représentations théâtrales rituelles consistent à mettre le feu (c) au pied de la haute statue en forme de hibou ou de chouette et d'y simuler des sacrifices humains. Le domaine renferme des zones secrètes exclusivement réservées

---

[61] Caractérisée par Baal de Péor, nom de leur dieu suprême, probablement le soleil – une boule de feu adorée chez tous les peuples cananéens.

aux adhérents du club. Les témoignages d'employés du parc sont volontairement succincts, mais suffisants à la compréhension des scènes rituelles d'origine païenne régulièrement organisées par le Bohemian's club.[62]

Les brillants mages d'autrefois coutumiers de la tradition druidique se rassemblaient dans une communion spirituelle au cœur d'une forêt dense pour retirer la force d'esprit afin d'obtenir le plein succès de leurs projets et entreprises. Certains membres du Bohemian's club sont aussi les principaux décideurs du Bilderberg Group et de la plupart des cercles de réflexion, ils reproduisent le même rituel sous la forme d'un grand lunch en forêt californienne. Pour eux, ces rassemblements extraordinaires de nature spirite sont tout aussi nécessaires pour assurer la réussite de leurs plans et de leurs démarches entrepreneuriales.

II - LA PILGRIM'S SOCIETY – ZONE 1 A

Ou littéralement *société secrète anglo-américaine des pèlerins*. Elle a pour but officiel de promouvoir la paix éternelle et l'entraide entre les États-Unis et le Royaume-Uni. A l'origine du fondement au 18e siècle de la double puissance anglo-américaine, celle qui détient l'incontournable pouvoir politico-économique sur la scène mondiale. À l'origine, au 17e siècle, elle était constituée des 103 premiers calvinistes puritains partis d'Angleterre sur le Mayflower, débarqués sur le nouveau continent pour devenir les pères fondateurs des États-Unis d'Amérique. Les calvinistes ont toujours eu pour but de réaliser rapidement l'union mondiale.

---

[62] **Le rituel du bohemian club**
http://www.dailymotion.com/video/x9wvlx_le-rituel-du-bohemian-club-1-5_news

Dès 1903, à partir d'un noyau Anglo-américain composé de hautes personnalités initiées à la cause grandiose, la Pilgrim's se renforce par le moyen d'un puissant réseau d'influence et de corruption. Elle est soutenue par les moyens financiers considérables de grandes Fondations : Rockefeller – Ford – Carnegie – Sumitomo – Agnelli... Elle œuvre de concert avec toutes les autres organisations de la véritable gouvernance mondiale : CFR – OTAN – Trilatéral-Commission... Avec le même objectif, saper la souveraineté nationale des États nation, pour assurer l'instauration d'un unique Ordre du monde.

III - SKULL AND BONES – SKB – ZONE 1 A[63]

Son caractère particulièrement mystique a été démontré. C'est la société secrète participant à dominer la planète Terre. D'autres sociétés secrètes du même acabit, mais sans avoir la même envergure existent, notamment dans les campus américains, parmi elles : Scroll and Key – Flat Hat Club – Seven Society – Sphinx Head – Fly Club – The Porcellian Club, (Université d'Harvard), dénommé par le passé les Argonauts, nom inspiré des héros de la mythologie grecque dirigés par Jason, à la recherche de la toison d'or.

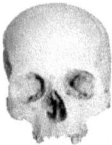

Les esprits supérieurs puisent à la source de la société civile, dans les viviers des nations, au sein des collèges et des universités pour y trouver leurs futurs sujets. Ils implantent très tôt dans les esprits malléables et très patriotiques des étudiants, notamment nord-américains, la possibilité d'appartenir à une élite nationale. Le processus s'engage donc très tôt, il se poursuit par leur sélection, puis par leur initiation s'ils sont jugés aptes à remplir une tâche au service des intérêts centraux de la gouvernance mondiale occulte.

---

[63] **Les Skull and Bones analysés par Antony Sutton**
https://www.youtube.com/watch?v=H2CxCMAWiow&feature=player_embedded

Les autres sociétés secrètes de la zone 1B, le Club de La Haye – l'IFRI – le siècle – sont décrites plus haut au sous-titre – les **cercles** de réflexion des esprits supérieurs ou Think-Tank

Point clé. **Les esprits supérieurs ont appris à maîtriser tous les sentiments humains**

Le lecteur du présent ouvrage, comme la grande majorité des individus, ne peut pas se faire à l'idée que des représentants du genre humain puissent être dépourvus de magnanimité au regard de toutes les formes de souffrance qu'imposent au plus grand nombre les toutes les conséquences de la fin du système actuel, en voie de désintégration. Il s'avère que l'élite des nations initiée à la cause grandiose a acquis la capacité mentale de dominer tout sentiment naturellement altruiste, car rien ne doit prendre l'ascendant sur leur attachement exclusif à la cause grandiose. Cela impose que l'humanité doit subir les affres de la transition entre la fin de l'actuel système et l'instauration d'un tout nouvel Ordre du monde.

TOUTES LES CONSÉQUENCES DE LA CRISE MAJEURE ÉTAIENT UN MAL NÉCESSAIRE

Ces mentors n'éprouvent donc aucune forme de scrupule, de regret, de remord, d'avoir conçu et fomenté la stratégie d'érosion, de sape, des souverainetés nationales et de toutes les suites qui allaient en découler. Ils ne sont aucunement sensibilisés par les effets matériels, sociaux, familiaux, gravissimes de la crise majeure qu'ils ont coordonnée à l'échelle mondiale. C'était un mal nécessaire pour démontrer l'absolue nécessité de refondre le monde en offrant une nouvelle direction à l'humanité en vue de préserver avant tout les intérêts centraux de Gaïa la Terre mère. Ce cartel s'arroge, de cette façon inclassable, le droit d'imposer à l'humanité, désespérée par l'immensité des problèmes, l'itinéraire qui la contraindra à être administrée par l'autorité implacable d'un nouvel Ordre mondial hégémonique pour elle.

Pour comprendre cette tournure d'esprit atypique il faut savoir différencier la part de normes qui régissent la conscience innée de tout un chacun, amendée ou non au cours de sa vie par l'application sincère et pratique de principes et valeurs judéo-chrétiennes. D'autre part, savoir évaluer les valeurs qui gouvernent le psychisme des membres de la véritable gouvernance mondiale et celle de la partie de l'élite mondiale à son service. Ainsi, il est possible d'avoir une vue précise de la conception qu'ils se font de la société humaine et de la planète qui la porte. Ensuite, il faut produire un effort mental pour pouvoir intégrer la typologie singulière de leur conformation d'esprit.

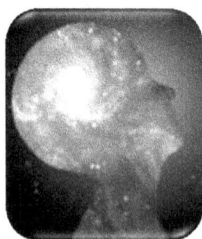

Contextuellement, elle se caractérise par la supériorité que leur confèrent les prérogatives de leur position d'élite sociétale initiée à une puissante confrérie, à une organisation internationale d'exception. Spirituellement, elle est la résultante du marquage indélébile de leur initiation à la cause universaliste, la cause suprême, de laquelle procèdent un modelage et une force de l'esprit similaire à celle du mentalisme[64] intra et extra sensoriel.

LA CAPACITÉ DE TRANSMUTER LES VALEURS NATURELLES USUELLES

De la sorte, loin de voir et de ressentir le contenu de la vie comme le fait le commun des mortels, ils ont acquis la capacité

---

[64] Voir l'explication la plus approchante ici :
http://www.mentalisme.com/mental.html

psychique hors normes de pouvoir geler et d'inverser toutes sortes de sentiments propres au genre humain. Leur processus mental transmute simultanément les valeurs naturelles usuelles et les permute par conversion automatique en une part ajoutée de totale détermination, de dévouement inconditionnel, absolu, à tout ce qui doit être fait pour soutenir l'actuelle gouvernance mondiale occulte. La seule façon pour eux de parachever l'avènement de la cause grandiose, l'instauration d'un nouvel Ordre immuable du monde.

LA CAPACITÉ À NE RIEN FAIRE TRANSPARAITRE DE LEUR CONFORMATION D'ESPRIT

Côté relationnel, ils ont acquis la double capacité à ne rien faire transparaître de leur nouvelle conformation d'esprit, sans pour autant paraître impassibles, insensibles. Ils sont capables de manifester de la sympathie, de l'empathie, d'avoir de l'humour, avec tout leur entourage et le grand public, certains d'entre eux sont même très charismatiques. Tous ont développé parallèlement la maîtrise quasi totale du contrôle de toutes émotions spécifiques à l'espèce humaine. Pour eux, les valeurs naturelles des liens familiaux, professionnels et celles d'essence culturelle, religieuse, de priorité nationale, de patriotisme… sont secondaires. Elles sont devenues l'objet d'un processus psychique de conversion spontanée en de nouvelles données hors normes. Pour ces inconditionnels du millénium druidique, quel que soit le niveau d'incidence ou de dramatisation qu'atteindra l'actuelle crise économique majeure, rien ne modifiera leur mental, leur sens de l'affection, rien ne les touchera au sens où l'entendrait l'homme de la rue.

LE REGARD DE L'INITIÉ SE PORTE BIEN AU-DELÀ DE L'ACTUELLE PÉRIODE TRANSITOIRE TROUBLANTE

L'aggravation paroxystique vers le chaos économique et social, dont diverses manipulations financières et boursières sont encore à venir, fait partie des inéluctables conséquences de leur plan de totale refonte du système actuel. Si parmi les pays, quelques chefs d'État venaient à faire blocage en s'opposant à l'édification spontanée d'un nouveau modèle financier, alors il est très probable d'assister prochainement à de plus grands bouleversements financiers, économiques. Très probablement une forte dévaluation du dollar, afin de bouleverser le peu d'équilibre qui reste au monde économique. Les États-Unis d'Amérique, berceau d'une majorité d'esprits supérieurs, n'y échapperont pas non plus. Peu importe si le socle social du nouveau continent doit payer le prix de la généralisation de l'extrême précarité des populations et de l'extrême chaos à venir.

Parmi les esprits brillants, le regard de l'initié, sa vision générale sur la vie, se porte bien au-delà des circonstances de l'actuelle période transitoire, troublante pour vous, impérative pour eux, assurant le relais vers une toute nouvelle administration des intérêts premiers de Gaïa, la Terre-Mère, auxquels le genre humain devra se soumettre coûte que coûte. Ces esprits supérieurs sont donc dotés de cette singulière conformation mentale, d'une si puissante emprise de l'esprit, d'un entendement, d'une conception atypique de la vie sociétale qui s'avère être diamétralement opposée aux valeurs coutumières de l'humanité.

TOUS LES ÉLÉMENTS QUI COMPOSENT LE SYSTÈME SONT DE SIMPLES PIÈCES DE BOIS SUR LEUR ÉCHIQUIER

De la sorte, les initiés de la confrérie n'ont aucune intention de favoriser une parenté, une amitié, une monnaie, une culture, un culte, une nation plutôt qu'une autre. Y compris l'Amérique fut-elle la patrie de leur enfance, de leurs ancêtres, l'élément familier de leur vie au quotidien. Tous les États-nation pauvres et riches, sans exception, toutes les institutions, organisations internationales, somme toute tous les éléments qui composent le système ne sont à leurs yeux que de simples pièces de bois sur leur échiquier. Certaines d'entre elles ne sont considérées qu'en simples tenseurs et supports aptes à étayer la structuration du N.O.M., ou au contraire ce ne sont que de grossiers obstacles à neutraliser, ou à éliminer.

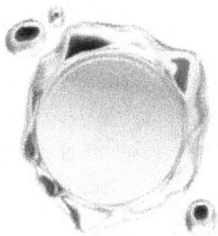

ILS ONT TOUS FOI EN L'ÂGE D'OR, ASSURÉS D'Y TROUVER LEUR PLACE

Dans tous les cas, les esprits supérieurs considèrent leur projet universel comme le seul ayant la compétence et les moyens globaux de faire entrer pour la première fois l'humanité, accablée de difficultés sans précédent, dans un nouvel Âge d'or. Une longue période de temps, offrant un cadre capable de fusionner avec tous les éléments du cosmos, permettant d'atteindre l'apogée dans les domaines technologiques, sociologiques, médicaux et environnementaux, en totale harmonie avec Gaïa.

La claire vision d'une structure inédite de société harmonieuse ayant toute autorité légitime et toute compétence pour tout régenter éternellement. Prioritairement, stopper urgemment les dégradations environnementales, protéger définitivement tous les écosystèmes, augmenter la durée de la vie, réduire et réguler drastiquement la population mondiale, garantir la pérennité de la paix sociale, parfaire l'espèce humaine.

Une voie royale pour niveler par le haut l'intellect, la culture et la génétique de la race humaine en l'épurant de tous rebuts (eugénisme). Pouvoir enfin établir le vrai rapport au macrocosme, dont de nombreuses richesses naturelles restent à découvrir, à harmoniser, avec toutes les autres espèces vivantes utiles à Gaïa… Puisqu'ils se sont intensément investis à la préparation de cette future nouvelle ère, couramment évoquée au sein des cercles de réflexion (think tank) comme l'unique modèle dans toutes les annales de l'humanité, cette élite et sa descendance sont assurées d'y trouver un rôle de choix.

C'est la perspective d'une vie meilleure en toute autonomie, d'une ambition légitime à pouvoir conquérir et maîtriser à leur guise le plus grand nombre d'éléments physiques intégrés à Gaïa. Une conception philosophique apparemment très attrayante, une idée millénariste qui a su séduire à toutes les époques nombre d'esprits brillants et leurs subordonnés. Mais derrière laquelle se cache un programme de fer, imposant un mode de vie exclusivement soumis aux instances dirigeantes du N.O.M. et ne souffrant d'aucun compromis possible. Autant d'objectifs finaux dont les membres du 3ᵉ cercle extérieur, partiellement ceux du 2ᵉ cercle, pourtant entièrement voués aux intérêts de la cause suprême, n'imaginent ni la portée, ni les multiples conséquences irréparables pour toute l'humanité.

PRINCIPALES ORGANISATIONS STRUCTURANT L'ÉDIFICATION D'UN NOUVEL ORDRE DU MONDE.[65]

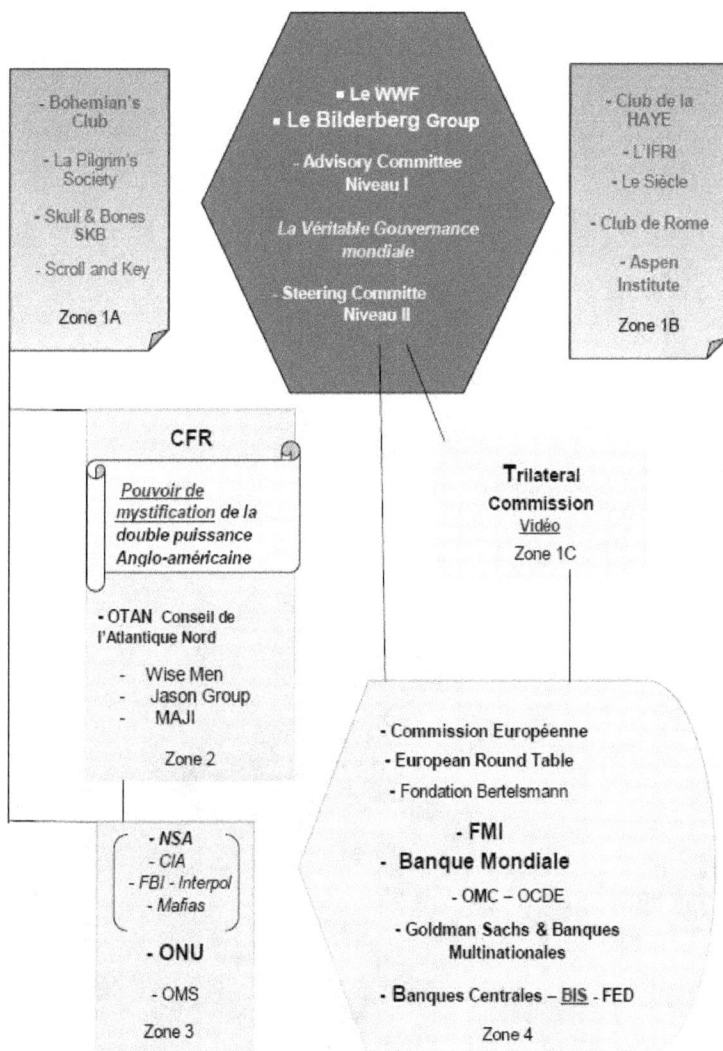

- Bohemian's Club
- La Pilgrim's Society
- Skull & Bones SKB
- Scroll and Key

Zone 1A

- Le WWF
- Le Bilderberg Group
- Advisory Committee Niveau I

La Véritable Gouvernance mondiale

- Steering Committe Niveau II

- Club de la HAYE
- L'IFRI
- Le Siècle
- Club de Rome
- Aspen Institute

Zone 1B

CFR

Pouvoir de mystification de la double puissance Anglo-américaine

- OTAN Conseil de l'Atlantique Nord
  - Wise Men
  - Jason Group
  - MAJI

Zone 2

Trilateral Commission
Vidéo
Zone 1C

- NSA
- CIA
- FBI - Interpol
- Mafias

- ONU

- OMS

Zone 3

- Commission Européenne
- European Round Table
- Fondation Bertelsmann
- FMI
- Banque Mondiale
  - OMC – OCDE
- Goldman Sachs & Banques Multinationales
- Banques Centrales – BIS - FED

Zone 4

[65] **Bilderberg : l'avis d'un ancien du contre-espionnage**
http://www.dailymotion.com/video/x8z7z1_bilderberg-l-avis-d-un-ancien-du-co_news#.UUIobRybrX8

CHAPITRE 12

QUEL AVENIR CETTE ÉLITE D'INITIÉS RÉSERVE-T-ELLE À L'HUMANITÉ ?

LES LIBERTÉS INDIVIDUELLES ET COLLECTIVES SONT GRAVEMENT MENACÉES

En 1993, le directeur du FBI, Louis FREECH, s'exprimait déjà ouvertement à ce sujet « *Les Américains doivent être disposés à renoncer à un degré d'intimité personnelle en échange de la sûreté et de la sécurité* » la même année, William Jefferson CLINTON, 42ᵉ président des États-Unis, membre du Bohemian's club, du Bilderberg Group, disait d'une façon plus subtile « *Nous ne pouvons pas être aussi obsédés dans notre désir de préserver les droits des Américains ordinaires* ». Derrière ces propos apparemment favorables au renforcement de la sécurité publique se cache une volonté farouche de remettre totalement en question les libertés individuelles.

Au sein de l'antre de toutes les idées et de toutes les structures mondialistes et universalistes, dans le repaire des fondements doctrinaux du nouvel Ordre mondial, à l'université de Yale, siège de la société secrète des Skull and Bones, exerce le Dr José Manuel RODRIGUEZ-DELGADO, directeur du département de neuropsychiatrie.

Dans son livre *Physical Control of the Mind, Toward a Psychocivilized Society*, il exprime sa pensée sur la nature des objectifs en cours d'expérimentation : « *L'individu peut penser que la réalité la plus importante est sa propre existence, mais il ne s'agit seulement que de son* » *propre point de vue. Tout cela manque de perspective historique. L'homme n'a pas le droit de développer son propre esprit, même si cette orientation libérale est attirante. Nous devons contrôler électriquement le cerveau. Un jour, les armées et les généraux seront contrôlés par des stimulations électriques du cerveau ».*

Après la Seconde Guerre mondiale, les foules de tous les pays démocratiques libérés, assoiffées de liberté, hurlèrent de joie en retrouvant leur indépendance, leur liberté, perdues. Au fil des décennies suivantes, il semblait que le niveau de cette autonomie retrouvée s'élargissait davantage, principalement grâce à l'action coercitive des divers syndicats et grâce à l'influence réformatrice de mouvements féminins de libération. Les peuples avaient l'impression d'avoir acquis une liberté individuelle ayant atteint son plus haut niveau. Tandis que pour les autorités anglo-saxonnes des années 1980 ce palier d'émancipation était tout juste acceptable.

Les esprits supérieurs mobilisés à la structuration d'un nouvel Ordre du monde allaient de leur côté imposer de contrebalancer l'accession à cette forme d'autonomie, tout juste ressentie et à peine savourée par les peuples, en s'organisant pour conditionner les foules par le moyen d'une propagande multiforme.

D'AUTRES MOYENS SÉCURITAIRES SERONT IMPOSÉS À TOUS

À l'époque de cette fausse euphorie, personne ne pouvait imaginer qu'une fois le règne du nouvel Ordre du monde mis en place, d'autres moyens sécuritaires intégrés à sa charte seraient imposés à tous. Que des méthodes d'inféodation seraient utilisées pour dissuader ou soumettre tout récalcitrant. Parmi lesquelles la psychotonique, une modification psychique sous l'influence de drogues utilisées à l'insu du grand public – et l'utilisation d'ondes de très basse fréquence, ou de haute fréquence à l'aide de radio-identification RFID et d'autres procédés déjà opérationnels… développés dans notre livre «*Les utilisations inimaginables de la force électromagnétique*»

Par le passé, les militaires ont toujours été sans le savoir les premiers cobayes de tests électromagnétiques et microbiologiques, dont des essais de vaccination, notamment dès 1914. De nombreuses expérimentations de télémanipulation ont été validées avec succès, à commencer sur les soldats non gradés de l'armée, les gradés le seront prochainement. Dorénavant, ces expérimentations sont un moyen s'ajoutant à la panoplie mise à la disposition des Maîtres dominants du monde. Ils sont applicables par leurs hommes de main, les hauts dirigeants du FBI, de la CIA, de la mafia…

TOUT EST ORGANISÉ POUR ENGOURDIR LE CERVEAU

Depuis de nombreuses décennies, tout est fait pour engourdir et conditionner l'attention et les méninges du plus grand nombre. Dès l'enfance, plusieurs moyens directs et indirects sont utilisés sur le cerveau pour l'engourdir. S'ajoute à l'adolescence la captation des esprits et la distorsion des capacités analytiques par le moyen des médias, des jeux…

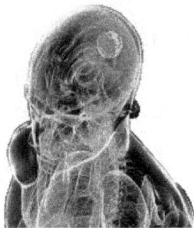

De plus, les circonvolutions et les connexions neuronales de l'esprit des populations sont rudement confrontées aux effets générationnels des vaccins et de nombreuses substances alimentaires, médicamenteuses, phytosanitaires, nocives largement utilisées au quotidien. L'utilisation de neurotoxiques puissants dans l'alimentation, les boissons (glutamate, sulfites, antimoine, BPA, HFCS, PFC…). L'autorisation de ces substances par la Food and Drug administration (FDA) et autres organismes homologues dans le monde, censés protéger la santé publique, est une totale ignominie.

Pour compléter cet empoisonnement, l'eau courante d'une majorité de pays est traitée avec des sels d'aluminium et/ou du fluor, 70 % des villes américaines et canadiennes sont concernées. Si le réseau local en est préservé, les dentifrices au fluor et aux microparticules d'aluminium, de titane, combleront largement cette insuffisance. De sorte que la multitude ne puisse pas se montrer indocile.

L'utilisation de toutes sortes de molécules chimiques, de métalloïdes (aluminium, fluor, mercure dentaire…) ; l'intense propagande médiatique, psychologiquement harassante et usante pour les esprits, ont un effet déterminant sur le cerveau.[66] L'on comprend mieux pourquoi une grande partie du peuple américain, particulièrement inondé de scandales, de fraudes, de mensonges, supportant des injustices sociales croissantes, voyant sa liberté de plus en plus brimée et subissant d'innombrables contrôles de toutes sortes reste suffisamment docile pour laisser-faire.

L'usage de ce type d'addiction n'est pas nouveau, les chimistes allemands avaient précisé aux dirigeants nazis, experts en propagande, qu'une fluoration (fluorure de sodium) de l'eau de consommation assurerait la **docilité** des masses.[67] Un dosage infinitésimal constant sur une période d'une année provoque selon les individus une réduction de la volonté jusqu'à parvenir à une forme de domination mentale. La publicité mensongère n'a de cesse de faire croire que la fluoration des dentifrices, accessoirement de l'eau potable, protège l'émail dentaire et renforce les os. Mais c'est exactement le contraire qui se produit

---

[66] **Glutamate, aspartame : ces poisons qui nous nourissent**
https ://www.youtube.com/watch ?v=_fC1UaVRt6Q
[67] **Le fluor utilisé dans les camps de concentration par les ss pour rendre les prisonniers dociles**
http://forum.aufeminin.com/forum/couple1/__f467217_couple1-Le-fluor-utilise-dans-les-camps-de-concentration-par-les-ss-pour-rendre-les-prisonniers-dociles.html

sur l'ossature, les dommages[68] sur le quotient intellectuel s'y ajoutant. Voir l'étude du Dr Paul CONNETT, professeur de chimie à l'université St-Lawrence – Québec – Canada.[69]

Dès 1930, le plan nazi visant à contrôler mentalement et démographiquement le monde incluait l'addition de diverses substances médicamenteuses à l'eau courante, dont le fluorure de sodium. Ce dont fait état PERKINS dans une lettre du 2 octobre 1954 adressée à Lee Foundation for Nutritional Research. Tout aussi surprenant, durant la guerre, l'usine du fabricant de produits chimiques, incluant la production de fluorure, I.G. Farben (Interssen Gemeinschaft), basée à Francfort ne fut jamais visée par les bombardements alliés, car des enjeux financiers américains étaient en cause. Le Tribunal de Nuremberg mit en évidence la culpabilité de 24 responsables d'I.G. Farben. Toutefois, pas un seul Nord-américain appartenant à son Conseil d'administration ne fut poursuivi en justice pour diverses formes de crimes commis durant les années de guerre.

Le tribunal scinda la société I.G. Farben en trois entités distinctes : BASF, BAYER et HOECHST. Les 24 responsables d'I.G. Farben furent rapidement libérés par le ministre US des Affaires étrangères sous l'influence de Nelson ROCKEFELLER. À partir de 1959, avec leurs homologues anciens membres du parti nazi, ils financèrent la campagne politique du jeune Helmut KOHL. Ce dernier chercha à normaliser le passé nazi de l'Allemagne et fut un ardent défenseur d'une Europe fédérale. Il favorisa ainsi le plan d'érosion de la souveraineté nationale des 27 pays d'Europe. Lesquels, par la suite, ont été liés par les règles intransigeantes du fédéralisme de l'Union européenne. Un des moyens pour les soumettre au dictat d'une Union européenne contraignante, d'une économie globalisée accablante, issues d'une

---

[68] **Fluorure - Une toxine à éviter** http://www.nopanda.com/fluorure-toxine-s668899.htm
[69] http://www.qve.qc.ca/afq/Articles/reponse-HC-Connett.htm

stratégie mondialiste. Ce que le Général de GAULLE avait anticipé dès les années 1960.[70]

AMOLLISSEMENT DE L'ESPRIT ET LA DÉGRADATION DES CONDITIONS DE VIE CONDUISENT

Les esprits supérieurs du cœur de cercle, le petit nombre de la haute élite mondiale, mesurent très exactement les conséquences particulièrement nocives et létales de tous ces procédés, substances et additifs, introduits dans la consommation de masse. Ils en favorisent l'élaboration et la distribution, car au-delà des profits financiers colossaux dégagés, c'est un puissant moyen, passé inaperçu, d'affaiblir le mental et le système immunitaire des masses. Au fil du temps, cet amollissement de l'esprit conjugué à la stratégie de dégradation progressive des conditions socioéconomiques produit tous ses effets. La résignation conduit les gens à accepter toutes les mesures de libéralisation de l'économie, d'augmentation des prix, de diminution des prestations... s'ajoutent celles occasionnées par l'austérité consécutive à la restriction budgétaire des États qui impactent cruellement la vie des plus pauvres. Ces atteintes au psychisme, cette détérioration des conditions de vie, toutes ces formes d'abaissement des peuples sont tout à la fois les dures conséquences de l'emprise du mondialisme et le préalable, le mal nécessaire, à l'établissement d'un nouvel Ordre financier et politique du monde.

---

[70] **De Gaulle avait compris avant tout le monde que l'UE était une arnaque**
https ://www.youtube.com/watch ?v=Qw3U4Tbp7fQ

UN NOUVEAU SYSTÈME FINANCIER EST EN PRÉPARATION

La création d'une monnaie mondiale unique n'est pas une hypothèse, c'est une certitude qui se profile à court terme. *Le président NARZARBAÏEV*, pays d'Asie centrale et Robert MUNDELL, prix Nobel d'économie 1999, tous deux s'accordent sur ce projet. Au premier trimestre 2009, ce dernier déclara *«Je dois dire que je suis d'accord avec la déclaration du président NARZARBAÏEV et bien des choses énumérées dans son projet de créer une monnaie unique mondiale».* Le 2 avril 2009 à Londres, ce tandem a exhorté le G20 à créer un groupe de travail pour examiner cette proposition. Le président kazakh avait suggéré de « *créer une monnaie unique mondiale sous l'égide des Nations unies* ». En 2010, le FMI demande de revenir au plan financier de KEYNES et d'utiliser le *BANCOR* **adossable à l'or** comme réserve de devises mondiales.[71] Depuis lors, au cours de chaque sommet du G8 et du G20 le FMI n'a de cesse de faire valoir ce modèle financier.

C'est le même R. MUNDELL[72] qui a posé les jalons de la monnaie unique européenne, enserrant plus fortement encore dans la nasse de la globalisation les pays de l'UE. Une initiative exclusivement profitable au milieu commercial, au détriment des moyens de subsistance de la majorité des populations européennes soumises à l'assèchement progressif de l'économie. Dans l'actuel contexte de grande instabilité financière et de

---

[71] **A new Gold Standard is being born**
http://blogs.telegraph.co.uk/finance/ambroseevans-pritchard/100022332/a-new-gold-standard-is-being-born/
[72] Voir plus bas, l'exacte similitude de règle politique globaliste existante entre MUNDELL et TINBERGEN au sous-titre – en quoi consiste la charte du nouvel Ordre mondial.

dépréciation des monnaies, il faut donc s'attendre à un prochain accord négocié pour implanter une monnaie mondiale unique, soutenue par une banque mondiale unique en occident.

LE CADRE MENSONGER DE LA NOUVELLE ÉCONOMIE KEYNÉSIENNE

Si les pays du G20 n'acceptaient pas de s'accorder pas sur ce sujet, en repoussant cette proposition d'unité monétaire, alors il faut s'attendre à une forte dévaluation du dollar. La chute brutale de la devise US en verrouillant les échanges commerciaux internationaux, bouleverserait le monde économique, le plongeant quasi instantanément dans la confusion absolue. Le vieux continent enfermé dans l'ultra capitalisme, entièrement soumis aux règles du mondialisme, plombé par la récession, est le premier visé. Il s'enfoncerait lesté par le chaos, pieds et mains ligaturés dans les abysses de la faillite économique et de la révolte sociale. Dès lors, la garantie de pérennité d'un grand Marché transatlantique n'aura été qu'un vague souvenir, peut-être teinté d'une grande nostalgie pour les gens les plus nantis, les plus matérialistes.

Si dans le cadre mensonger dit de la nouvelle économie keynésienne, la monnaie et la Banque mondiale uniques étaient introduites dans le système financier tel qu'il fonctionne aujourd'hui, cela produirait de facto, instantanément, une nouvelle ultra-concentration de la finance mondiale. Une opération tout au profit des mêmes puissances lobbyistes apparentées au Bilderberg group. L'ultime étape pour faire plier très rapidement les États-nation ayant le mieux résisté aux effets économiques et budgétaires étouffants de la crise majeure.

AVANT TOUT L'OPPORTUNITÉ EXCEPTIONNELLE D'UNE REFONTE DU SYSTÈME FINANCIER, *THE GLOBAL RESET*

Pour éviter d'appliquer la manière forte de la dévaluation monétaire, le volet de ce plan prévoit avant tout d'utiliser l'art de la diplomatie secrète et des réseaux d'influence pour présenter aux membres du G20 cette refonte[73] du système financier comme une exceptionnelle opportunité. Dans ce cadre propice, il ne s'agit pas un acte imposé et arbitraire, mais le seul moyen inespéré pour les chefs de gouvernement de reconstruire rapidement l'économique mondiale. Une offre bien étayée et subtilement argumentée leur permettant telle une mousse expansive de combler quasi instantanément l'immense vide économique occasionné par les séquelles hautement préjudiciables de la crise des crises.

DU NOUVEAU SYSTÈME FINANCIER AU NOUVEL ORDRE POLITIQUE DU MONDE

Ce plan, élaboré principalement par les hauts dirigeants du CFR, consiste d'abord à modeler diplomatiquement les États nation, préoccupés par le sujet crucial de la stabilité économique et budgétaire, pour qu'ils acceptent le programme d'une restructuration de la finance et de l'économie mondiale. Une fois l'accord conclu, ils seront entrés dans l'antichambre du nouvel Ordre mondial. À ce stade, ces instigateurs utiliseront leur potentiel alchimique[74] et leur force de persuasion. Sous la forme de leur programme de renouveau universel, sur fond de

---

[73] Ce qui depuis 2011, date de rédaction de cet ouvrage, est devenu une réalité ; le FMI ayant annoncé en 2014, l'imminence d'un global economic reset (réinitialisation ou refonte) du système financier mondial
Christine LaGarde : Reset - Interview With Christine LaGarde IMF
https ://www.youtube.com/watch ?v=sJWBMYsWYEc
[74] Alchimie, le sous-titre – l'initiation au nouvel Ordre mondial impose la transmutation alchimique de l'esprit.

mystification anglo-américaine. Il s'agira de vanter les nouvelles garanties permettant à tous de participer activement à la gestion durable de toutes les composantes animées et inanimées de Gaïa la Terre-mère. Ces faux prophètes, en porte-parole du royaume de l'occulte, deviendront alors les ambassadeurs planétaires portant le flambeau aux couleurs pourprées de la gouvernance mondiale occulte. Ils illusionneront tous les peuples de leurs promesses pour les gagner spontanément à la cause de l'avènement d'un nouvel Ordre du monde.

LA CRISE POUSSE LES CHEFS D'ÉTATS À SOUTENIR LA NÉCESSITÉ D'UNE NOUVELLE GOUVERNANCE MONDIALE

Le président français Nicolas SARKOZY est assez bien représentatif de l'appel des autres chefs de gouvernement à un nouvel Ordre politique international. Bien que le terme Ordre mondial nouveau ait été prononcé avant lui, après l'effondrement de l'Union Soviétique, pour la première fois le 6 mars 1991 devant le Congrès américain par un certain George H.W. BUSH. Le 25 septembre 2007, à l'ONU, lors du débat au plus haut niveau de l'assemblée générale, N. SARKOZY sollicite des Nations Unies le fondement d'un « *N.O.M.* » sur la base d'un « *New Deal écologique et économique* ». Il souhaite lui voir confier la tâche d'une meilleure répartition des profits des matières premières, de la technologie et de la moralisation du capitalisme financier, il poursuit en disant :

« *Dans ce monde où le sort de chacun dépend de plus en plus de celui des autres, l'ONU ne doit pas être affaiblie, mais renforcée. Sa réforme pour l'adapter aux réalités du monde d'aujourd'hui est une priorité pour la France.* **Nous n'avons plus le temps d'attendre** ». Il a réclamé « *un nouvel état d'esprit* ». **C'est d'un véritable New Deal** (*Nouvelle Donne*) **dont le monde a besoin. Un New Deal écologique et économique** ».

Il a appelé « *tous les États à se réunir pour fonder le nouvel Ordre du XXI* *siècle* *sur l'idée que les biens communs de l'humanité doivent être placés sous la responsabilité de l'humanité tout entière*». À ce titre, il a défendu l'idée d'assurer «*à tous les hommes l'accès aux ressources vitales, à l'eau, à l'énergie, à l'alimentation, aux médicaments et à la connaissance*».

À cette fin, il a lancé un « *appel solennel pour que les Nations Unies prennent en main la question d'une plus juste répartition des profits, de la rente des matières premières et des rentes technologiques* ». De même, les Nations Unies devraient « *prendre en main* la *moralisation du capitalisme financier afin de le mettre davantage au service du développement et moins à celui de la spéculation*, ainsi *qu'aller plus loin dans la lutte contre la corruption* ».

« *Regardons le monde tel qu'il est sinon nous n'aurons aucune chance de parvenir à le rendre meilleur. Jugeons-le à l'aune* (à la mesure) *de la justice. La justice c'est la nation palestinienne qui retrouve un pays, qui construit son État. La justice c'est un peuple israélien qui obtient le droit de vivre en sécurité. La justice c'est le peuple libanais qui recouvre pleinement sa liberté, son indépendance, sa souveraineté dans la concorde.*

La justice c'est le peuple iraquien dans sa diversité qui trouve en lui-même le chemin de la réconciliation et de la démocratie. La justice c'est que l'enfant de pauvre, partout dans le monde, ait autant de chances de réussir que l'enfant de riche. La justice c'est que le pays en développement, auquel on voudrait imposer des règles environnementales alors que les habitants ont à peine de quoi manger, soit aidé pour les mettre en place. La justice c'est que l'on ne puisse pas exploiter les ressources d'un pays sans en payer le juste prix ».

Par ailleurs, devant la presse, N. SARKOZY a souligné « *que la France fait de la lutte contre* **les changements climatiques une priorité absolue.** *Nous voulons des décisions tout de suite, maintenant, immédiatement,* **parce que demain il sera trop tard.** *Et ce trop tard* *c'est deux degrés Celsius de plus, après quoi nous aurons atteint le point de non-retour ».* Son discours complet, écoutez-le.[75]

Cet exposé caractérise et concentre à lui seul toutes les inquiétudes des autres chefs d'État-nation. Ceux-ci, malgré une forme de plus grande réserve et un art oratoire exercé à la retenue, cherchent en partie à dissimuler ces vérités, ou du moins leurs terribles conséquences. **Ce discours résume les attentes des chefs de gouvernement cherchant à se protéger contre tout ce qui menace foncièrement l'humanité** : Le réchauffement climatique – les risques répétitifs de guerre – les menaces de révoltes liées à la famine, aux restrictions économiques, à l'exclusion sociale – le danger de pandémies annoncées – et le choc des civilisations. Le non-dit que nous soulignons est la contamination nucléaire **irréversible** provenant de Fukushima.

Tous les représentants de l'autorité civile en exercice au sein de pays démocratiques s'efforcent d'obtenir sur leur territoire la paix civile en tenant compte au plan politique, culturel, religieux, de la diversité d'opinion exprimée par les peuples mêlés. Les chefs d'État s'attendent à ce que l'ONU et l'OTAN fassent de même à l'échelle mondiale. Pour atteindre cette plénitude démocratique, selon le président français l'ONU doit être renforcée. Cependant, il souhaite, sans le dire ouvertement, **que ce renforcement n'impose en aucun cas une soumission, un enfermement, pour les États-nation eux-mêmes.** Quelle enthousiasmante fausse espérance, au regard de la planification orchestrée par la véritable gouvernance mondiale proche de son apothéose !

---

[75] **N. Sarkozy a l'onu discours complet**
http://www.dailymotion.com/video/x32vfr_n-sarkozy-a-lonu-discour-complet_news

LA DÉCLARATION UNIVERSELLE DES DROITS DE L'HOMME ET LA CHARTE DES NATIONS UNIES, UNE LETTRE AU PÈRE NOËL

Au fond, le discours exalté de N. SARKOZY ne fait que résumer à l'emporte-pièce l'impérieuse nécessité pour les États de s'appliquer à suivre les principes directeurs consignés dans la déclaration universelle des droits inaliénables de l'homme de 1948, elle-même inspirée des droits de l'homme et du citoyen acquis par la Révolution de 1789. Si ces droits fondamentaux, assurant les besoins essentiels aux populations de la planète Terre, n'avaient pas été délibérément vidés progressivement de leur substance sous l'influence de la gouvernance occulte. Si les chefs de gouvernement avaient eu le courage, la détermination, l'altruisme, nécessaires pour protéger leurs administrés, aujourd'hui il ne resterait plus qu'à résoudre une faible part de difficultés, notamment ceux de nature climatique, liés à une modernité non maîtrisée. Quant à toutes les autres difficultés introduites par l'injustice sociale et économique, elles ne seraient même pas mentionnées à l'ordre du jour d'aucun conseil des ministres, d'aucun discours de chef d'État, ni d'aucun sommet international.

N. SARKOZY faisait référence à la charte des Nations Unies, censément basée sur la Déclaration universelle des droits inaliénables de l'homme. C'est le socle légal, le modèle indéfectible, sur lequel sont établies les constitutions de tous les pays démocratiques. Or, au fil du temps, ce fondement n'a cessé d'être l'objet de négociations pour le flouter, le minorer et finalement le dissocier de sa noble base fondamentale.

Au point que la célèbre ambassadrice Jeane KIRKPATRICK, représentante des USA aux Nations Unies de 1981 à 1985, connue pour sa franchise et son refus de pratiquer la langue de bois, qualifia l'une et l'autre de « *lettre au père Noël* ». Elle avait pu mesurer toutes les dérives politiques, économiques et sociales, dues au rôle suborneur de l'ONU, ainsi que les premiers effets de dégradation des valeurs de droits inaliénables initialement attachées aux constitutions nationales. Une décomposition générale déjà observable à l'époque de ses mémorables interventions onusiennes.

Les chefs d'État appellent régulièrement à un nouvel agencement de la direction des affaires mondiales. Ils sont convaincus qu'il ne sera qu'un remodelage très amélioré et viable de l'ordre actuel. Ils n'imaginent même pas qu'il s'agit de la mise en place d'un Ordre fondamentalement nouveau, basé sur des critères universalistes innovants, mais dont les références sont plagiées sur des valeurs faussement humanistes et progressistes.

Au cours de tous les sommets internationaux d'après la crise majeure de 2008, les délégués de la gouvernance occulte, notamment ceux du FMI, n'ont eu de cesse de mettre en avant ces références trompeuses, de les argumenter et de les valoriser pour influencer profondément tous les chefs d'État.

Le cri de détresse exprimé par ce discours devant l'ONU traduit la grande inquiétude de tous les leaders politiques. Démonstration même de leur non-intellection des véritables causes à l'origine des immenses problèmes planétaires actuels. En ignorant l'origine de cette trame, ils sont dans l'incapacité d'en évaluer toute la portée sociétale surtout en matière de libertés individuelles.

En appelant de tous leurs vœux à la constitution d'un tel projet, ils ignorent qu'ils se portent caution pour sa cause politique et holistique, qu'ainsi ils s'enferment d'eux-mêmes dans la nasse tendue à l'origine pour les piéger. L'ensemble de ces difficultés démesurées correspond donc aux affres du terme de l'actuel ordre mondial, en attendant les tourments cachés d'un nouveau règne millénariste annoncé.

À LA RECHERCHE DE TOUS LES ÉQUILIBRES

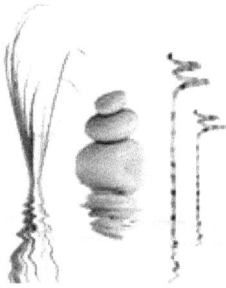

En l'état actuel de dégradation avancée de la société civile et de l'environnement de la planète Terre, les peuples lassés de l'anormalité ambiante espèrent en un changement radical, mais sans pouvoir en imaginer le concept ni les bases d'application. Selon la philosophie de l'écologisme holistique très chère aux esprits brillants, les intérêts primordiaux de la Terre-Mère Gaïa, englobant tous les biens précieux marchands et non marchands qu'elle possède, exigent un autre modèle économique respectueux des écosystèmes.

LES BASES INNOVANTES D'UNE NOUVELLE SCIENCE POLITIQUE DE TYPE ÉCO-CENTRÉ

La proclamation d'une reconstruction socioéconomique fondée, justifiée, par l'écologie durable, comme l'extraction de la panacée serait le point de convergence permettant l'acquiescement de tous à la solution la plus acceptable qui soit. Ce relèvement inattendu sur les bases innovantes d'une toute nouvelle science politique de type éco-centré, tel un don universel inespéré, offert bienveillamment avec la plus grande sollicitude, fera le ravissement des foules. Un projet donnant toute les garanties écologiques, alimentaires, médicales, économiques, sociales, pour faire entrer l'humanité dans une ère de paix planétaire sans pareille. Une perspective d'union, d'harmonie, à laquelle chacun aspire en son for intérieur. D'ores et déjà, **l'on peut envisager l'accréditation d'une majorité de peuples envers l'annonce d'un tel programme.**

Ce projet aussi insolite qu'inédit, garant de la paix civile, présenterait le double intérêt de pouvoir de préserver durablement les écosystèmes, d'assurer le bien-être existentiel de tous. Il donnerait l'assurance de pérenniser l'avenir physique de la Terre, tout en sauvegardant les intérêts matériels, financiers des États-nation et des citoyens soumis à une économie d'infortune, dont les conséquences sont devenues aussi insupportables qu'impossibles à gérer.

LES CHEFS D'ETAT, NE DISPOSANT PAS DE SOLUTION GLOBALE, SONT PRIS PAR L'URGENCE DE LA SITUATION

Pris de court par l'urgence de la situation, ne disposant pas par eux-mêmes à l'échelle nationale et internationale de solution globale, d'aucun modèle financier, économique, écologique, applicable efficacement à court terme, c'est pourquoi les chefs de gouvernement accepteront plus facilement les termes de ce pacte.

POURQUOI LES ETATS, PEUPLES, CHEFS DE GOUVERNEMENT, SONT À L'ÉTAT DE MATERIA PRIMA DÉLAVÉE ?

Actuellement, la composante des États nation, peuples et chefs de gouvernements se trouve à l'état de materia prima de couleur blanche. Si cette matière est de couleur blême, c'est qu'elle a été préalablement délavée, décolorée, pendant des décennies par la montée implacable de la spéculation financière intensive et longuement dévitalisée par l'assèchement progressif des liquidités nécessaires à l'économie réelle. Autant de difficultés insurmontables produites par la crise majeure. Dès que les nations accepteront ce pacte, une transmutation s'opérera aussitôt. La coloration initiale, opalescente, deviendra jaune flamme, puis rouge incandescent. À peine refroidi ce matériau renouvelé devenu manipulable par les instances de la gouvernance occulte, sera rehaussé de rouge foncé, aux couleurs de la royauté du nouvel Ordre mondial.

QUE SERA LE MAGNUS OPUS OU PIERRE PHILOSOPHALE DOMINANTE ?

À ce stade de transformation, ce plan sera en passe de devenir l'aboutissement de la sagesse et de l'idéologie néo druidique. Resterait l'ultime étape de la permutation finale. Les esprits supérieurs s'appliqueront pour que ce matériau amalgamé et transmuté devienne à cet instant même la nouvelle gouvernance du monde et la société qui lui sera soumise. S'ils y parvenaient, elle prendrait la forme de Magnus Opus ou pierre philosophale dominante. Un guide universaliste qui aurait l'ultime ambition de s'imposer à tous par l'application d'un nouveau modèle doctrinaire de gestion planétaire. Voir le sous-titre – l'initiation au nouvel Ordre mondial impose la **transmutation** alchimique de l'esprit.

Cet acte final aux teintes pourprées de la gouvernance mondiale occulte se déroulera dans une atmosphère de liesse mondiale, superbement festive. Selon notre analyse de septembre 2011, il faut donc **s'attendre très prochainement à une refonte complète du système financier, monétaire et économique, suivie de très près par une annonce d'unification mondiale**. Une offre de totale sécurisation pour toute l'humanité afin qu'aucun mal ne l'accable plus jamais. Ces déclarations apparemment fondamentales et salvatrices pour l'avenir de l'humanité seront diffusées en boucle par tous les médias. Elles précéderont de peu l'inauguration solennelle, étonnamment festive, d'un nouvel Ordre mondial.

LES PLEURS SONT TRANSMUTÉS EN LARMES DE JOIE

Dès après l'adoption consensuelle du pacte d'adhésion à cette nouvelle administration du monde, les chefs d'États-nation se joindront unanimement aux réjouissances du moment avec tous les peuples des cinq continents. Eux, dont la gouvernance a été longuement marquée par le poids d'un contexte mondial très sombre, d'une insupportable lourdeur. Eux, qui du point de vue sociétal n'ont pas pu goûter au repos moral, à la tranquillité, à la perspective de paix et de stabilité, seront l'objet d'une étonnante métamorphose lorsqu'ils entreront dans un état de liesse avec leur peuple. Ils ressentiront l'immense satisfaction d'être délivrés dans l'heure d'un fardeau devenu bien trop pesant. Les désagréments, les gémissements, de cette masse humaine et de leurs chefs qu'ils ont exprimés pendant de si longues décennies, seront instantanément transmutés en une grande allégresse individuelle, en une jubilation collective, si intense qu'elle se communiquera partout à la vitesse du son et de l'image.

LE SCÉNARIO D'UNE GRANDE MESSE UNIVERSELLE EST D'ORES ET DÉJÀ ORGANISÉ

Pour marquer un changement total d'époque, en premier acte, une grande messe universelle, du jamais vu, même au lendemain de la fin d'une grande et longue guerre, sera organisée et dite dans un décorum et une ambiance triomphale. À la manière plus éclatante encore que les fêtes illustres organisées à Rome par les empereurs pour célébrer leurs victoires triomphales et leurs conquêtes de nouveaux territoires. Ce scénario éblouissant, préparé dans les moindres détails, a été élaboré pour anoblir et sceller les futurs autocrates de ce monde dans leurs nouvelles fonctions et prérogatives de guides universels.

Tout est d'ores et déjà organisé pour exécuter cette immense mise en scène avec une prodigieuse maestria. Un projet d'une telle envergure, d'un enjeu si crucial, ne saurait souffrir de la moindre défaillance. Il est donc prévu, si nécessaire, de le renforcer en cours de déroulement par des moyens très sophistiqués, étonnamment persuasifs, destinés à la grande multitude. Ce sont des ruses particulièrement bien imaginées, introduites par des procédés de haute technologie préparés pour produire sur le mental une réaction tout à la fois spectaculaire et déstabilisante. L'objectif est d'obtenir l'assentiment complet des foules, considérées dans cette cabale comme la partie intégrante non signataire du traité de gouvernance, pour qu'elles adhèrent spontanément à cette alliance.

Rien ne doit contrecarrer l'inauguration de la nouvelle charte holistique du monde

Si les esprits brillants sont assurés du succès absolu de leur plan, c'est bien parce qu'ils considèrent le renoncement des États-nation à affronter plus longuement les conséquences de la crise majeure comme un fait acquis, qu'à leurs yeux il s'est déjà produit. Il n'est donc pas concevable pour eux qu'une forme quelconque d'opposition populaire ou politique provenant d'une intelligence bien inférieure à la leur ne puisse, ne serait-ce que partiellement, venir contrecarrer leur dessein immuable. Celui d'imposer par le charme de leurs artifices, par la tromperie et les puissants moyens de leur stratagème, l'inauguration de la nouvelle charte holistique du monde.

EN QUOI CONSISTE LA NOUVELLE CHARTE DU NOUVEL ORDRE MONDIAL

Qu'ont-ils prévu dans les domaines fondamentaux de la vie : 1 - La démographie. 2 - Les droits de l'homme. 3 - La justice. 4 - La santé publique. 5 - L'économie. 6 - Que se cache-t-il derrière la globalisation onusienne. 7 - L'école publique. 8 - La religion. 9 - De quelle détermination farouche et de quelle intransigeance la gouvernance mondiale à venir est-elle animée ? Autant de sujets essentiels à approfondir.

Sur quelle base idéologique repose chacun des thèmes soulevés ci-dessus ? Ce socle doctrinal se compose de la dalle druidique de l'holisme, sur laquelle sont cimentées les autres parties de l'édifice féodal universaliste en cours de constitution, comprenant principalement l'amalgame de la globalisation et de la mondialisation. Tous ces éléments constituent le fondement doctrinaire de cette charte et la Constitution de ce futur gouvernement du monde.

GLOBALISATION ET HOLISME, LA DOCTRINE UNIVERSALISTE DU NOUVEL ORDRE MONDIAL

Son idéologie – Un tout ayant plus de valeur que les parties qui le composent

Dans les documents onusiens, dont *The report of the Commission on Global Governance* de 1995, le terme de globalisation apparaît plus souvent que celui de mondialisation, sans que ce double thème n'entre en concurrence. L'ONU utilise subrepticement l'onde porteuse de la définition et conception du terme globalisation telle que la perçoit l'opinion publique pour la réinterpréter selon une nouvelle vision du monde et de la place de l'homme. C'est l'holisme, tiré du grec, dans le sens onusien il signifie que le monde constitue un tout (ensemble) ayant plus de réalité et plus de valeur que les parties qui le constituent.

L'HOMME N'EST QU'UN AVATAR QUI DOIT SE PLIER AUX EXIGENCES DE GAÏA

Dans cet ensemble indissociable, l'apparition de l'homme n'est pas essentielle. C'est juste un avatar (une transformation, une métamorphose) de l'évolution, de la matière. Cela à l'opposé du créationnisme (l'antithèse) où l'homme est la finalité glorieuse d'une création parfaite. L'être humain n'a de réalité qu'en raison de son inhérence à la matière. Par la mort, il retournera définitivement à la matière, sans aucune possibilité pour lui de bénéficier de l'extraordinaire capacité de mémorisation de Dieu. Sans savoir que le Très Haut nomme distinctement chacune des innombrables galaxies de l'univers, et chacune des milliards de milliards d'étoiles qu'elles contiennent (Isaïe 40 : 26). Contrairement à la croyance chrétienne de la résurrection des morts, les initiés du nouvel Ordre considèrent que le destin de l'homme est ni plus ni moins que d'être voué à la mort, de disparaître inéluctablement dans la Terre-Mère d'où il est issu.[76]

Pour eux, la Terre-Mère (ou Gaïa du grec) transcende l'homme, elle lui est bien supérieure. Elle se situe au-delà du stade humain, étant d'un autre ordre de valeur, de grandeur, d'importance par rapport à l'humanoïde, car c'est ainsi qu'ils situent l'homme. Lui, doit se plier avant tout aux convenances de la nature, doit être soumis aux cycles immuables de l'écologie, tout autant qu'à l'idéologie, à la culture, à la sagesse, druidique. L'influence du New Âge, le mouvement holistique politico-mystique, en nette extension depuis quelques décennies pour préparer la société humaine au N.O.M., en est le courant porteur. L'humanoïde est tenu d'accepter impérativement ce modèle doctrinaire.

---

[76] Ceci est la foi et la base de serment éternel de la secte Skull and Bones – SKB – des universités de Yale et de Harvard, par laquelle passe l'élite de la nation nord-américaine.

NI L'HOMME, NI LES PRINCIPES JUDÉO-CHRÉTIENS, NE SONT LE CENTRE DE RÉFÉRENCE DE TOUTES CHOSES

Il ne sera plus possible à l'homme de s'estimer le centre de référence de toutes choses (Anthropocentrisme). Leur vision inflexible de la nature et de l'humanité va bien au-delà de cette impérieuse nécessité. La loi naturelle de la conscience et la valeur morale étayée sur les principes judéo-chrétiens ne doivent plus être inscrites dans le psychisme et le cœur de l'homme. Les esprits supérieurs sont fermement décidés à faire promptement abandonner cet état de conscience éduqué par les normes élevées du christianisme, par tout attachement spirituel à la vérité divine. Ils les combattront jusqu'à reddition. **Alors s'imposera à tous la loi implacable de la nature**. Voilà en somme ce qu'est la définition de l'holisme druidique.

Dans l'idéologie écologique du New Âge, la population humaine à l'instar des populations de prédateurs doit être contenue dans les limites fixées. Elle doit s'effacer devant les contraintes du développement durable. Il faudra même se plier, voire se sacrifier, aux impératifs présents et à venir de mère Gaïa.[77] Lesquels sont d'ores et déjà fixés par l'autorité universaliste en puissance, en l'occurrence l'actuelle véritable gouvernance mondiale.[78]

---

[77] C'est la quasi-définition du druidisme celtique, lui-même inspiré de la philosophie grecque païenne, auquel adhèrent entièrement et cérémoniellement les membres du Bohemian's club comportant l'élite de l'élite mondiale. Voir au début de la 4partie – Accéder aux Champs Élysées.

[78] En 4e partie – quel a été le point de départ de toutes les ramifications impénétrables visant à soumettre la société humaine – la pensée de WEISHAUPT, l'un des principaux pères Illuminati.

LES DROITS DE LA CIVILISATION JUDÉO-CHRÉTIENNE SONT GRAVEMENT MENACÉS

L'ONU instrumentalisée par le Bilderberg group, via le Bohemian's club et le Wise Men, a préparé un document très important dans lequel la vision holistique de la globalisation est systémique. C'est la Charte de la Terre. Ce texte annonçant l'universalité d'un nouvel Ordre mondial à venir remplacera à court terme la Déclaration universelle des droits inaliénables de l'homme de 1948. Il supplantera même le décalogue, les dix commandements gravés sur les tablettes de pierre, que Dieu donna à Moïse sur le mont Sinaï, sur lequel repose pour partie la déclaration universelle des droits de l'homme et les droits acquis après la Révolution de 1789. Soit une totale remise en cause de l'embasement même de la civilisation judéo-chrétienne. En voici quelques extraits :

« *Nous sommes à un moment critique de l'histoire de la Terre, le moment de choisir son avenir* [...] *Nous devons nous unir pour édifier une société globale durable, fondée sur le respect de la nature, les droits humains universels, la justice économique et la culture de la paix... L'humanité est une partie d'un vaste univers évolutif [...] Le milieu ambiant global, avec ses ressources finies, est une préoccupation commune pour tous les peuples. La protection de la vitalité, de la diversité et de la beauté de la Terre est un devoir sacré... Une augmentation sans précédent de la population humaine a surchargé les systèmes économiques et sociaux ... Voici notre choix : former une société globale pour prendre soin de la Terre et prendre soin les uns des autres, ou nous exposer au risque de nous détruire nous-mêmes et de détruire la diversité de la vie... Nous avons besoin d'urgence d'une vision partagée sur les valeurs de base qui offrent un fondement éthique à la communauté mondiale émergente...* »

De prime abord, ce projet semblerait pouvoir répondre de façon très réaliste, complète, équitable et durable, aux besoins primordiaux du 21e siècle. Par là même, satisfaire l'âme du bon chrétien et du partisan naïf de la laïcité. Assurer tous ceux vivement désireux de pouvoir saisir la merveilleuse opportunité d'un nouvel Ordre politique annoncé, et par son entremise du bel avenir inédit qui lui est rattaché. Il suffira au lecteur de notre ouvrage de faire un point en analysant et réfléchissant à tous les sujets développés jusque-là, pour bien discerner quel serait le niveau d'inconscience d'adhérer et de pactiser à un tel projet. Sans produire trop d'effort de perspective, d'entrevoir le goulag planétaire que représenterait la Terre placée sous la coupe d'une telle gouvernance.

1 - QUEL NIVEAU DE DÉMOGRAPHIE EST ENVISAGÉ DÈS AUJOURD'HUI. ET APRÈS L'INSTAURATION DU N.O.M. ?

Voici l'opinion de Dave FOREMAN, fondateur du mouvement Earth First (la Terre d'abord) et membre de la direction du Sierra Club de 1995 à 1998 « *L'élimination progressive de la race humaine réglera tous les problèmes sur terre, sociaux et environnementaux* ». Et celle de Ted TURNER, milliardaire, fondateur de CNN, sympathisant du Bilderberg Group, dans une entrevue pour Audubon Magazine « *Une population mondiale totale de 250 à 300 millions d'individus, soit une diminution de 95 % de la population actuelle, serait idéale* ». La première déclaration est celle d'un leader du Sierra Club, une association américaine écologiste non gouvernementale et fondateur du mouvement Earth First, la Terre d'abord. Une organisation écologiste radicale apparue en 1980.

Elle avait pour leitmotiv « *No compromise in defense of Mother Earth* » pas de compromis dans la défense de mère la Terre – Gaïa – un groupe inspiré du livre de Rachel CARSON, une biologiste et zoologiste américaine (1907 – 1964) qui dans les années 1950 œuvra pour la protection de l'environnement, soulevant la nuisance des pesticides de synthèse. Son livre *Silent Spring* – *printemps silencieux*, de 1962, mobilisa l'opinion publique. Ce fut le départ du mouvement écologiste, avec un premier succès relativement à l'interdiction de certains pesticides, dont le DDT, et l'ouverture de l'agence pour la protection de l'environnement.

Il est probable que le sentiment de Dave FOREMAN se rapportait à son exaspération de constater l'état de la planète saccagée de toute part. Alors que ce problème majeur avait été dénoncé des décennies auparavant par lui-même et par bien d'autres militants écologistes. Si les autorités étatiques avaient réellement pris en considération la mesure du saccage et les avertissements de ce type d'association des solutions efficaces auraient été appliquées. Cependant cette prise de conscience très utile n'enlève en rien le fait que ce type de mouvement est apparenté au courant holistique du New Âge, lié à toutes les souches universalistes vénéneuses.

Ces opinions marquées de réduction démographique rejoignent les intentions eugénistes des initiés du nouvel Ordre. Ils ont entrepris de longue date leur œuvre macabre en organisant la production de multiples souches virales et bactériennes élaborées dans les laboratoires secrets placés sous leur tutelle et les ont fait diffuser sur plusieurs continents, surtout en Afrique. Cela est rapporté et démontré dans notre livre « *Vaccination – Sida – Ebola* ». L'éradication des populations apparaît aussi clairement dans les opérations secrètes de la CIA, instrumentalisée par l'actuelle gouvernance occulte.

Il y a deux façons de considérer le sujet. La première est une volonté de régulation des naissances, la Chine l'impose à la population depuis 1979. L'Inde a échoué en grande partie dans le contrôle efficace de la natalité. Les pays pauvres du tiers monde se peuplent plus vite, avec un taux de 1,8 naissance pour 100 habitants, le reste du monde se situe à 1,2. D'autres pays incitent à plus de naissances. Les familles des pays berceaux ou relais du terrorisme se développent très vite, ce qui inquiète les pays occidentaux pour à leur sécurité intérieure. La population mondiale continue de croître, elle atteindra sept milliards début 2012, plus de huit milliards en 2025. La planification familiale mondiale organisée par l'ONU en 1965 fut également un échec. L'autre vision sur l'anormalité et le risque de l'expansion démographique n'est pas motivée par des moyens administratifs conventionnels de régulation des naissances. Elle traduit la volonté d'éradiquer délibérément une grande partie de la population mondiale, c'est aussi l'application de l'eugénisme et du malthusianisme.

LA POPULATION MONDIALE EST UN HANDICAP DE TAILLE

Le patron de la CIA, le général Michaël V. HAYDEN, estime qu'en 2050 elle aura augmentée de 40 à 45 % avec plus de 9 milliards d'individus, d'où un triplement rapide de la population dans plusieurs pays stratégiques : L'Afghanistan, logique suffisante pour y faire une guerre continue, le Liberia, le Niger, le Congo. D'autres populations doubleront : l'Éthiopie, le Nigéria, le Yémen. Ces pays ont nettement échoué à garantir les besoins fondamentaux de la population (nourriture, logement, éducation, emploi…), échec plus marqué encore à la suite de la crise majeure de 2008.

Cette situation d'extrême pauvreté entraînera fatalement la violence, les troubles sociaux et l'extrémisme parmi ces divers peuples et ethnies. Les problèmes de survie et de liberté individuelle favoriseront les Révolutions et l'immigration dérégulée, illégale, vers les pays les plus riches.

L'actualité du printemps arabe de 2011 avec ses conséquences très médiatisées a rattrapé pour partie cette évidente prévision. Analysant l'Europe, la France en particulier, le patron de la CIA dit ouvertement que la démographie comprenant les émigrés de pays musulmans et/ou leurs descendants, selon lui 3 % de la population européenne, dont le taux de fécondité est plus du double de celui des Européens natifs, constitue une contribution à la complexité des menaces sécuritaires des pays occidentaux.

LA DÉMOGRAPHIE ET LE TERRORISME

Il y a une corrélation directe à faire entre les pays à fort taux de natalité et les foyers de terrorisme. La liste émise par les services de l'administration américaine est très discutée : Afghanistan : taux de natalité de 45 – Algérie : 17 – Arabie Saoudite : 29 – Cuba : 12 – Irak : 31 – Iran : 17 – Liban : 19 – Libye : 26 – Nigéria : 51 – Pakistan : 30 – Philippines : 25 – Somalie : 44 – Soudan : 35 – Syrie : 27 – Yémen : 42. À titre comparatif le taux de naissance en Chine est de 13,25 ‰ (pour mille naissances / habitants et par an).

Selon John ALTERMAN directeur du programme du Moyen-Orient du Centre d'études stratégiques et internationales de Washington, dans la plupart des pays d'Afrique le taux de naissance est élevé. Le nombre croissant de jeunes sans emploi est un sujet d'inquiétude. Plus de 60 % de la population de l'Arabie saoudite correspond à des moins de 30 ans. En Égypte, 27 % de la population en 2000 était de la catégorie des 15 à 30 ans, incluant des jeunes instruits, mais sans emploi. Ils sont tous susceptibles d'éprouver des sentiments de colère et de frustration. Les jeunes sans emploi reportent leur mariage et émigrent souvent en Europe, créant de nouveaux problèmes. C'est un exode des cerveaux et la création de "ghettos ethniques" dans de nombreuses villes européennes. Selon J. ALTERMAN, plus de la moitié des jeunes Arabes et Africains qui étudient à l'étranger ne retournent pas dans leur pays. 54 % des médecins, 26 % des ingénieurs, quittent le Moyen-Orient et l'Afrique pour s'établir en permanence à l'étranger. Une possibilité de relais très utile aux réseaux terroristes.

Vue prospective dès les années 2000 sur le risque terroriste en Europe

À propos des problèmes de sécurité issus de facteurs démographiques au Moyen-Orient, Brian NICHIPORUK, du centre de réflexion RAND, a fait remarquer que le réseau Al-Qaïda recrutait ses agents au sein de la diaspora des moyen-orientaux se trouvant en Europe et ailleurs. Il a également souligné les sentiments de frustration qu'éprouvaient les jeunes sans emploi attirés par les partis islamistes dont l'organisation et le financement sont bien rodés. Il a aussi indiqué que certains États toléraient le transfert à l'étranger de l'idéologie extrémiste comme un moyen de maintenir la stabilité sur leur propre territoire. Le taux de croissance démographique élevé au Moyen-Orient met en cause le niveau de croissance économique. Ce qui oblige les pouvoirs publics à réduire les avantages sociaux, même dans les pays producteurs de pétrole du golfe Persique. Ce sont les minorités coptes en Égypte et les chrétiens en Palestine qui sont les plus touchés par les actes extrémistes. Il y a divergence sur l'action à mener contre ce fléau.

Les États-Unis le considèrent comme une réalité globale qu'il faut combattre partout où il se trouve. Tandis qu'en Europe cette méthode est peu partagée, la préférence consiste à se protéger au plan intérieur par des dispositifs de police et de justice, le terrorisme n'étant pas considéré comme un défi.

Le faux semblant d'unité exprimé par la gouvernance occulte

En octobre 1975, dans une allocution devant l'assemblée générale des Nations unies, le principal représentant des esprits supérieurs Henry KISSINGER déclara doucereusement « *L'histoire de mon pays, Monsieur le président, nous dit qu'il est possible de façonner l'unité tout en chérissant la diversité, que l'action commune est possible en dépit de la variété de races, d'intérêts, et les croyances que nous voyons ici dans cette chambre. Le progrès et la paix et la justice sont possibles. Ainsi nous disons à tous les peuples et gouvernements :* **façonnons ensemble un nouvel Ordre mondial** *».*

S'adressant au président des Nations Unies, Henry KISSINGER s'exprime perfidement, car sous la cape d'un bon prédicateur se dissimule un personnage public très influent et très dangereux, ne se déplaçant presque plus à l'étranger, faute d'être retenu par la justice de plusieurs pays.[79] Un fait paradoxal pour un prix Nobel de la Paix 1973. Sous la forme d'un loup déguisé en berger apparemment bienveillant, il s'exprime de façon paternelle alors qu'il dissimule sa volonté hégémonique radicale, identique à celle de ses pères, avec tout l'art de la mystification anglo-américaine. Sous sa houlette de bon prêcheur, il dissimule adroitement sa rapacité, son esprit corrupteur et exterminateur.

Plus récemment, OBAMA, un autre intervenant de choix, probablement sincère et très charismatique, prix Nobel de la paix 2009, sur la base de ses propres convictions et sous l'influence évidente de ses principaux conseillers du CFR, parle avec ferveur d'un possible rassemblement œcuménique. Il annonce avec force conviction l'harmonie raciale, sociale et cultuelle parmi tous les peuples de la Terre.[80] Derrière cette propagande universaliste se dissimule la radicalité de la double puissance anglo-américaine façonnée par le modelage des réseaux d'influence et de corruption, aux ordres des esprits supérieurs. L'objectif final est l'éradication d'une part massive de l'humanité.

---

[79] **Henry Kissinger réclamé par la justice internationale**
http://www.liberation.fr/monde/2002/04/24/henry-kissinger-reclame-par-la-justice-internationale_401403
[80] Voir ci-après, le point 7 – Les religions seront-elles intégrées dans le globalisme ? – le discours du président OBAMA du 4 juin 2009.

LES ESPRITS SUPÉRIEURS SONT LES ARDENTS PROMOTEURS DU MALTHUSIANISME

Cette doctrine du 19ᵉ siècle est la pensée de Thomas MALTHUS craignant les effets dévastateurs du développement libre, supposé exponentiel, de la population humaine. Elle porte sur le maintien des populations dans le carcan de la misère, tout en exemptant la responsabilité des institutions nationales et internationales. Tous les membres de la véritable gouvernance mondiale sont profondément pénétrés et animés de cette doctrine. C'est une philosophie obscure du 18ᵉ, sortie de l'antre ténébreux du siècle dit des lumières, donnant aussi naissance aux Illuminati. Ce fut aussi la renaissance de l'alchimie et celle de la confrérie du serpent.

LES ESPRITS BRILLANTS SONT LA CONTINUITÉ DE LA CONFRÉRIE SUMÉRIENNE DU SERPENT

Au VIᵉ millénaire av. J.-C, à l'époque sumérienne, ce fut la toute première société secrète de l'humanité, dont les esprits brillants du 21ᵉ siècle sont la continuité. Pour eux la société humaine doit englober une part de possédants et une part de travailleurs pauvres, l'inégalité sociale est une nécessité. Il n'est pas question de supprimer la propriété et de partager avec son voisin appauvri, ou affaibli. Si la nourriture était abondante pour tous, la population augmenterait trop rapidement et par conséquent les subsistances produites par Gaïa la Terre-Mère seraient insuffisantes. Selon eux, il ne faut en aucun cas courir le risque de laisser croître la masse humaine en aidant les pauvres.

L'ONU ET L'OMS SONT MODELÉES POUR ORGANISER LA RÉGULATION DES NAISSANCES

La fondation Rockefeller institution agissant en porte-parole officiel des esprits brillants impulse le FNUAP (Fond des Nations unies pour la population – section de l'ONU) à déployer plus d'activité pour la régulation des naissances. Stérilisation catégorielle des populations, sélection des naissances en fonction de la race et/ou de la catégorie sociale, sont les moyens eugénistes utilisés à cette fin. Dès 1913, derrière une vitrine qui met en valeur de nombreuses et diverses actions humanitaires, les ROCKEFELLER financent des recherches sur la limitation des naissances. Ils édifient la plus grande organisation privée, the Rockefeller Foundation, dont un des objectifs est le contrôle de la population. En 1952, John ROCKEFELLER III fonde the Population Council qui influencera tous les programmes démographiques de l'ONU. «*À partir de la IIe Conférence internationale sur population de Belgrade en 1965, la planification des naissances est présentée comme une forme d'aide au développement*» explique Michel SHOOYANS.

Le 10 décembre 1966, U. THANT, secrétaire général de l'ONU fait paraître une déclaration sur la régulation de la population mondiale. L'année suivante, le 11 décembre 1967, grâce aux efforts continus de John ROCKEFELLER III, président du Population Council, cette déclaration fut signée par 18 chefs d'État.[81] L'on discerne ici à nouveau l'influence directe du cœur de cercle de Bilderberg dans l'orientation politique et la création de lois internationales de ce type. Depuis 1973 le FNUAP a pour mandat express la mise en œuvre du planning familial, l'assistance aux pays en développement (PED) pour mieux faire face aux problèmes de population et de coordination des programmes de population.

---

[81] Population Council, janvier 1968, Déclaration on Population, Planning Studies n° 26.

UNESCO ET WWF SONT AU SERVICE DE LA VÉRITABLE GOUVERNANCE MONDIALE

En 1946, au sortir de la Seconde Guerre mondiale, Sir Julian S. HUXLEY premier président de l'Eugenics Society, de 1937 à 1944, puis premier secrétaire général de l'UNESCO de 1946 à 1948, à nouveau président de L'Eugenics de 1959 à 1962, l'un des fondateurs du World Wildlife Fund – WWF – déclara :

« *Par groupe à problème social, j'entends les gens, bien trop familiers aux travailleurs sociaux dans les grandes villes, qui semblent se désintéresser de tout et mènent simplement une existence inutile, au milieu d'une extrême pauvreté et de la crasse. Bien trop fréquemment, ils doivent être assistés par des fonds publics et deviennent un fardeau pour la communauté [...] Malheureusement, ces conditions d'existence ne les empêchent pas de continuer à se reproduire, et la taille moyenne de leur famille est très grande, beaucoup plus grande que la moyenne du pays dans son ensemble. Des tests d'intelligence et autres ont révélé qu'ils ont un Q.I. très bas [...] Ici encore, la stérilisation volontaire pourrait être utile. Mais je pense que nos meilleurs espoirs doivent reposer dans le perfectionnement de nouvelles méthodes de régulation des naissances, simples et acceptables, soit par des contraceptifs oraux ou plutôt, peut-être, par des méthodes immunologiques nécessitant des injections* ».

UNESCO

United Nations
Educational, Scientific and
Cultural Organization

L'EUGÉNISME ET L'ABSOLUE NÉCESSITÉ DE CAMPAGNES MONDIALES DE VACCINATION

En 2010, ces propos d'après-guerre sont à rapprocher des mises en cause persistantes relatives à l'absolue nécessité d'une campagne mondiale de vaccination contre le H1N1. Certains sites médiatiques avisés ont indiqué leur inquiétude sur la composition vaccinale en vue d'une tentative d'eugénisme à l'échelle mondiale. Nous y reviendrons en détail dans notre livre « *Vaccination, Sida, Ebola* ». Le cartel de l'occulte a planifié de réduire la croissance démographique des pays du Sud, sous prétexte d'une menace pour les pays du Nord. Leur principal représentant est Henry KISSINGER, il excelle dans cette tâche. Le 10 décembre 1974, il a supervisé le rapport NSSM 200 du National Security Council – NSC[2]. Un document déclassifié en 1980, n'étant plus considéré comme secret, mais tout de même tenu confidentiel jusqu'en 1989, dont voici les principaux extraits :

« *Serons-nous contraints de faire des choix sur les pays que nous devrons raisonnablement aider, et si c'est le cas les efforts de contrôle de la population devraient-ils être un critère pour une telle aide ?* [...] *Les États-Unis sont-ils prêts à accepter un rationnement de la nourriture pour aider les gens qui ne peuvent, ni ne veulent, contrôler leur taux de reproduction de population ?* [...] *Il est vital que les dirigeants des pays les moins développés ne voient pas, dans la volonté de développer et de renforcer un engagement de leur part* (pour la réduction de population), *une politique des pays industrialisés pour maintenir leur pouvoir ou pour détourner les ressources naturelles en faveur des pays riches. Une telle perception pourrait créer de sérieuses répercussions défavorables au projet de stabilisation des populations* ».

[2]NSC – Organisme dépendant directement du président des États-Unis ayant un rôle de conseil de coordination et d'impulsion sur les sujets de politique étrangère, de sécurité nationale et de questions stratégiques, un acteur peu connu, mais prédominant de la politique étrangère américaine.

Le livre *la face cachée de l'ONU* de notre correspondant Michel SHOOYANS indique le lien direct entre les rapports récents du FNUAP et la volonté exprimée, ci-dessus, par KISSINGER. Voir, ci-dessous, au point 8 – les **deux premiers** commandements pour le nouvel Ordre mondial, en rapport direct avec l'eugénisme.[82]

HITLER S'EST INSPIRÉ DU MODÈLE NORD-AMÉRICAIN

En 1924, HITLER citait comme exemple les États-Unis. Dès la fin du 19ᵉ siècle, en Angleterre certains manifestent pour obtenir la stérilisation de sujets porteurs de défauts. Au début du 20ᵉ siècle, des États américains votent des lois favorisant la stérilisation des fous et des criminels, une pratique finalement sanctionnée par la Cour suprême en 1927. À Londres, des savants anglo-saxons définissent les moyens de freiner la prolifération des autres races susceptibles de mettre en danger la race blanche. À cette même époque, l'Américaine Margaret SANGER (1879 – 1966) incite aussi au *Birth Control,* par la stérilisation des faibles d'esprit et de malades héréditaires. Sinon, pour les États-Unis et les pays occidentaux ce serait le risque d'être envahi par d'autres races et d'autres tares. En 1921, elle fait valoir un article intitulé « *La valeur de la propagande en matière d'eugénisme et de limitation des naissances* ». Cette femme comme MALTHUS et

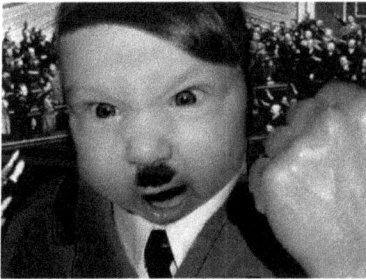

---

[82] L'eugénisme est la théorie de Charles DARWIN fondée sur la sélection naturelle des espèces qui dans le temps se révèlent les plus adaptées. GALTON, son cousin, promeut le darwinisme social en appliquant cette théorie à l'humanité. Il crée en 1883 le concept eugénique ou l'art de bien engendrer. Dont l'objectif consiste à améliorer volontairement les caractéristiques génétiques de l'espèce humaine. GALTON en exprime l'impérieuse nécessité estimant que l'évolution normale de la race humaine est menacée par les attentions et la philanthropie portées aux pauvres et à leur progéniture. Il faut intervenir pour favoriser la procréation des plus doués, ceux qui réussissent socialement, tout en freinant la procréation des plus pauvres, ceux qui échouent et qui ne devraient pas survivre.

GALTON reste indifférente aux questions d'inégalités sociales, incluant la résolution de la répartition des richesses qui pourtant serait un bon moyen de stabilisation démographique.

STÉRILISATION DE MASSE PAR LE TROISIÈME REICH, PUIS PAR LES PAYS OCCIDENTAUX

En Allemagne nazie, de nombreuses recherches ont été faites sur les moyens de stérilisation de masse. Entre 1935 et 1976, la Suède a organisé une campagne de stérilisation forcée de 60. 000 personnes, dont 93 % de femmes. Avec pour motivation des raisons sociales, sous tendant la préservation de la race nordique.[83] En 1934, puis en 1941, les gouvernements suédois ont voté deux lois autorisant la stérilisation des déficients mentaux et de toutes personnes sortant de la normalité : handicapés mentaux, femmes ne pouvant pas entretenir leurs enfants, marginaux, gitans, mauvais élèves et tout autre individu considéré comme ralentissant le développement de la société. Après la guerre, sous l'impulsion des mouvements eugénistes, les recherches continuèrent dans les pays Anglo-Saxons et nordiques.

« *Il y a aujourd'hui un pays où l'on peut voir les débuts d'une meilleure conception de la citoyenneté* », écrivait HITLER en 1924. Il observait l'effort des États-Unis pour maintenir « *la prépondérance de la souche nordique*", le moyen de renforcer leur politique d'immigration, de naturalisation. Le projet "*d'hygiène raciale*" de Mein Kampf prenait ainsi pour modèle l'Immigration Restriction Act de 1924. Lequel interdisait l'entrée aux individus souffrant de maladies héréditaires, ainsi qu'aux migrants en provenance de l'Europe du Sud et de l'Est. En 1933, les nazis se sont donc directement inspirés des États-Unis pour mettre en œuvre leur programme de

---

[83] De notre correspondant – le grand quotidien suédois Dagens Nyheter – article de Maciej ZAREMBA, en août 1997.

régulation de la population par la stérilisation forcée et la réglementation des mariages.

LES DROITS DE L'HOMME SONT BAFOUÉS À L'INSU DU PLUS GRAND NOMBRE

Depuis de longues décennies, les droits de l'homme sont donc bafoués, le plus souvent à l'insu du plus grand nombre. La société contemporaine expose une mixité hétéroclite, un petit nombre bénéficie pleinement d'une modernité positive, sous forme d'évolution technologique pratique appliquée à tous les aspects de la vie, de l'accomplissement existentiel de soi. Tandis que le plus grand nombre doit se contenter de la pauvreté à des degrés divers. Si les droits de l'homme n'ont pas pu être normalement appliqués jusque-là, qu'en sera-t-il prochainement dans le nouvel ordre du monde ?

2 - COMMENT LES DROITS DE L'HOMME SERAIENT-ILS APPLIQUÉS DANS LA CHARTE DU N.O.M. ?

L'HOMME ANDROÏDE RÉDUIT À L'AGNOSTICISME, INCAPABLE D'ÉLABORER UN SCHÉMA DE PENSÉE

Le projet onusien de globalisation, au plan juridique, est très inquiétant, car il est imprégné du New Âge, dont la vision de l'homme n'est que matérialiste et exclusivement évolutionniste. Un moyen de désactiver la valeur unique de l'Être humain telle que la définit officiellement et planétairement la déclaration universelle de 1948 et la loi mosaïque. Cette vision holistique renvoie l'homme exclusivement à une simple composition d'androïde, définitivement incapable d'élaborer un schéma de pensée sur lui-même, sur le sens de la vie, sur la société humaine et son devenir... Il en est réduit à l'agnosticisme, tout ce qui au-delà de l'expérimental est inconnaissable, impraticable. L'idéologie scientifique est ainsi magnifiée, idolâtrée, au détriment des valeurs humanistes et spirituelles. L'homme serait ainsi réduit au scepticisme et au relativisme moral. Doctrine grecque selon laquelle l'esprit humain ne peut atteindre aucune vérité générale, y compris pour les généralités de la vie, il y a suspension du jugement.

Une philosophie bien calée sur le dessein universaliste et sur la volonté de domination de la part des esprits supérieurs. Puisqu'en dévalorisant les capacités de l'esprit de l'immense majorité des individus, en niant la possibilité de certitude, l'on entretient à sa guise l'imprécision, l'indécision, l'ambiguïté, le meilleur moyen d'installer le doute dans les esprits, les consciences.

UNE EMPRISE PSYCHOLOGIQUE POUR NE PAS ATTEINDRE LA VÉRITÉ

Une emprise psychologique permettant de conditionner au plus bas le mental de la grande multitude. Un puissant moyen de limiter toute initiative personnelle ou collective constructive et altruiste, car selon cette élite l'homme ne peut pas atteindre la vérité dans un domaine ou un sujet déterminé. Les interrogations sur la vie, sur son origine, sur le devenir, n'ont aucun sens. Quelle triste forme d'abaissement et quelle sombre perspective cette classe dominante veut réserver à l'humanité !

Ceci s'oppose diamétralement à l'esprit éminent de la Déclaration universelle des droits inaliénables de l'homme. Laquelle fondait des relations internationales nouvelles basées sur une extension planétaire, permanente, constructive, de ces droits. À l'époque, l'avenir des habitants de la planète Terre semblait plus lumineux, car sur ce socle de légitimité et de haute considération l'on devait construire le fondement de la paix internationale. L'ONU aurait été ainsi légitimée dans sa mission initiale. L'ordre mondial des années 1950 devait être édifié sur des vérités fondatrices reconnues par tous et acceptables pour tous. Des fondements à la fois protégés, promus et progressivement affinés par l'ajustement législatif des États nation. Cependant, l'ONU s'est détachée et désengagée de ces références fondatrices puisque les droits de l'homme ne sont plus fondés sur une vérité d'égale dignité pour tous les hommes, s'imposant légitimement à tous et reconnus de tous. En réalité **les droits de l'homme, après avoir été moult fois "négociés" ont été finalement dépréciés, tronqués, à la suite d'une série de procédures consensuelles.**

ILS SE POSENT EN DÉCIDEURS DE LA CONSCIENCE COLLECTIVE ET SE PRESSENT D'AGIR AINSI

La véritable gouvernance mondiale considère qu'il n'y a pas de vérité effective concernant l'homme, qu'elle n'est ni accessible, ni réelle. Ce qui revient à dire que les bases inamovibles, inaliénables, des nobles principes directeurs de 1948 sont déjà déconstruites et dissoutes à leurs yeux. Leur méthode de concertation onusienne, jusqu'à obtention d'un consensus orienté, subjectivé, s'est donc substituée aux droits de l'homme. De leur point de vue apostat, ils se posent en décideurs de la conscience collective. Ils s'arrogent le droit de déterminer unilatéralement pour la grande multitude ce qu'est ou n'est pas la juste ligne de conduite à tenir.

Une recherche consensuelle d'autant plus intense et répétitive que le timing imposé à la mise en place d'une nouvelle administration du monde les pressent à agir de la sorte. Au cours de leurs réunions onusiennes, après avoir entendu l'opinion des intervenants, le simulacre d'ouverture à la démocratie consiste à engager une discussion, faire mine d'en tenir compte, pour finalement en cercle restreint trancher et prendre la décision, sans appel. Dès lors, cette ordonnance sera réputée juste parce qu'elle est la somme dite légitime résultante de la procédure consensuelle. Ceci est de facto la description d'agissements arbitraires, impérialistes, une des caractéristiques des prises de décision clandestines des esprits supérieurs et de leurs soutiens.

DE NOUVEAUX PSEUDO-DROITS DE L'HOMME SONT D'ORES ET DÉJÀ IMPOSÉS, SANS QUE PERSONNE N'EN SACHE RIEN

Tout individu vivant en démocratie est convaincu que durant toute sa vie il pourra bénéficier de la protection juridique offerte par la juridiction de son pays. Mais, en amont des démocraties, dans les coulisses des institutions supranationales pilotées par la gouvernance occulte, il ne supposera même pas la manière dont les représentants onusiens modèlent à leur convenance de nouveaux pseudos droits de l'homme, pour finalement les substituer à l'esprit des textes légaux originaux. Ces Droits originels sont sans cesse remis en cause au travers de procédures technocratiques dites de consentement des parties, dont chaque thème peut être débattu indéfiniment.

Il ne s'agit donc plus de débat portant sur une vérité fondamentale ou relative se rapportant à l'homme, légalement reconnue par l'antériorité du droit, mais de la volonté exclusive et arbitraire de ceux qui ont le pouvoir absolu de décider pour lui. Ce type de procédure a le potentiel de produire légalement, sans qu'aucun individu ne le sache, un nouveau Droit de l'homme.

Nul doute, la grande tromperie distillée dans les salons de l'ombre est à l'œuvre depuis longtemps. Cela concerne les questions diverses portant sur des lois internationales, dont les unions sexuelles, la répudiation, les foyers monoparentaux, l'euthanasie, l'infanticide, l'élimination des handicapés, les programmes eugéniques... les sujets sont si nombreux que lors des assemblées internationales organisées par l'ONU, pour aboutir à une loi onusienne se substituant tout ou partie aux principes fondamentaux des Droits inaliénables de l'homme, tout est mis en œuvre pour arriver rapidement au consensus. Les fonctionnaires onusiens s'efforcent de faire adopter le plus rapidement possible des conventions internationales, acquérant force de loi dans les États membres les ayant ratifiées.

L'ONU n'a cessé de miner les droits légitimes des nations en établissant un système de droit supra étatique portant l'empreinte de KELSEN,[84] le droit s'organisant en structure hiérarchisée des

---

[84] voir Bibliographie

normes. Toute règle de droit doit respecter la norme qui lui est supérieure, en strate pyramidale. Avec cette tournure d'esprit, **l'objet du droit n'est pas la justice**, c'est la loi. Tout individu et tout État-nation doit s'y soumettre et obéir à la nouvelle norme fondamentale issue de la volonté exclusive d'un petit nombre de décideurs. Lequel en arrière-plan imprime sa volonté universaliste pour imposer à tous la doctrine du légicentrisme, *la loi étant la seule expression de la souveraineté*. Ainsi faisant, les esprits supérieurs sont déterminés à se poser collectivement en unique monarque et législateur, assuré de détenir le pouvoir de régenter souverainement la société humaine.

3 - LA JUSTICE PREND LA FORME D'UN TRIBUNAL PÉNAL INTERNATIONAL

La véritable gouvernance mondiale, via les institutions internationales placées sous sa coupe, est devenue omnipotente. Elle se pose à la fois comme la seule source du droit, qu'elle contrôle et modifie unilatéralement, tout en vérifiant à tout moment si ce droit ainsi remodelé est respecté et appliqué en aval par les instances exécutives. Pour cela elle dispose des organes de l'ONU : le Conseil économique et social – le Conseil de sécurité – les multiples Commissions et institutions – le Haut-Commissariat…. L'ONU est devenue une institution clé en matière de droit international. Elle intronise à sa guise un système de pensée unique.

Pour ce faire, en 1998, elle se dote d'un tribunal à la mesure de son appétit de pouvoir, la Cour pénale internationale. Les crimes contre les nouveaux pseudos droits de l'homme peuvent désormais être y jugés. Par exemple, compte tenu de l'objectif de réduction de la population mondiale, si l'avortement n'était pas légalisé dans tel État, l'opposant pourrait être exclu de la "société globale". Ou si un groupe religieux s'opposait à l'euthanasie, les malades étant à la charge de la collectivité, il pourrait être condamné par ce tribunal pour atteinte aux nouveaux pseudos droits de l'homme... C'est là une menace des plus graves à l'encontre des valeurs judéo-chrétiennes, notamment sur l'Église en tant que communauté et sur les chrétiens en tant que citoyens du monde global.

4 - COMMENT LE MODÈLE DE SANTÉ ÉLABORÉ PAR L'OMS SERA-T-IL INTÉGRÉ À LA CHARTE ?

C'est une nouvelle manière de concevoir la santé publique dans la perspective holistique et onusienne du nouvel Ordre mondial. L'objectif premier consiste à veiller à la santé du corps social en abandonnant le modèle d'Hippocrate donnant la primauté à l'individualité, indépendamment de sa condition sociale. Deux critères sont avancés définitivement :

1 - Les malades seront traités proportionnellement à leur pouvoir acquisitif, ou moyens matériels.

2 - L'on tiendra désormais compte de l'espérance de l'individu de vivre sans aucun handicap, ni aucune maladie, considérant que le malade ne pourra plus être une charge pour la société. En pratique, si en occident, un individu souffre d'une maladie tropicale, malaria, paludisme... Il aura à en subir toutes les conséquences. Ce nouveau modèle de santé publique imposera un tri parmi les catégories sociales. Pour les pauvres, certaines pathologies ne seront plus prises en compte parce que cela pourrait diminuer le rendement de leur fonction. En devenant improductifs sur le marché du travail ils seraient un poids injustifié pour la collectivité. Les soins et certains types de recherche médicale ne seront apportés et entrepris qu'au niveau de maladies dites rentables, car moins dépensières pour

l'économie sociétale globalitaire.[85] Adieu aux campagnes, collectes, et mécénats, pour les maladies dites orphelines. Le terme d'exclusion sociale et de totale déshumanisation prendrait alors tout son sens.

5 - QUEL SYSTÈME ÉCONOMIQUE MONDIAL EST ENVISAGÉ ?

En 1999, lors de son discours d'ouverture au Forum du Millénaire, identique à celui du WEF de Davos en Suisse, le Secrétaire général de l'ONU K. ANNAN ciblait des valeurs essentielles dans le domaine des normes de travail, des droits de l'homme et de l'environnement. Il assurait par-là que l'on réduirait à court terme les effets négatifs de la globalisation. Pour combler l'immense fossé entre le Nord et le Sud, il précisait que l'ONU devait faire appel largement au secteur privé. Il lui fallait obtenir l'adhésion à ce pacte *the Global compact* d'un grand nombre d'acteurs économiques et sociaux : compagnies – hommes d'affaires – ONG – syndicats – pour réguler les marchés mondiaux afin d'élargir l'accès aux technologies vitales, de distribuer l'information et le savoir, pour assurer les soins de base en matière de santé… Ce traité potentiel a reçu de nombreux appuis parmi la Shell – CNN – Microsoft... et même plusieurs internationales syndicales. Il favoriserait le renforcement et le contrôle des médias dans le but de faire triompher la pensée du politiquement, de l'économiquement, correct.

Malgré ce bel intitulé, il pose de graves interrogations. Comment pouvoir compter comme par enchantement sur les géants de l'économie pour résoudre les problèmes de fond, alors qu'ils avaient la possibilité de le faire bien avant, en agissant de leur

---

[85] voir Bibliographie

propre chef ? Ne serait-ce que réagir à temps pour préserver la paix sociale et éviter l'assèchement de l'économie réelle. La multiplication des échanges économiques internationaux doit-elle appeler la fondation d'une autorité centralisée décidée à piloter toute l'activité économique mondiale ? Si les législations du travail étaient introduites au droit international et placées sous la contrainte des impératifs économiques globaux, quelle serait alors l'amplitude de liberté des organisations syndicales ? Pour être à même d'intervenir sur la politique intérieure relative aux questions économiques et monétaires, de quel pouvoir décisionnaire les gouvernements d'État-nation disposeraient-ils ? L'ONU financièrement au bord de la faillite, n'est-elle pas d'ores et déjà placée sous l'influence d'un consortium d'élite de la finance et du commerce, dont la plupart sont soumis au Bilderberg group ?

Peut-on réellement accorder du crédit aux diverses institutions, FMI – OECE – OCDE – Banque mondiale – Banque des Règlements Internationaux - ONU – spécialement fondées dès 1944 après les ravages du second conflit mondial, pour reconstruire un monde de justice, de solidarité et de développement ? Considérant qu'elles n'ont pas pu mettre fin aux conséquences des guerres ultérieures, des crises économiques successives, à l'étendue de la pauvreté du plus grand nombre ? Que toutes ces institutions, preuves à l'appui, se sont progressivement alignées sur les règles du marché, sur la recherche absolue du profit, surtout de la concentration des pouvoirs.

Que ces structures dominatrices ne se sont jamais souciées de l'intérêt général. Qu'elles ont utilisé leur pouvoir d'intervention pour imposer des plans d'action impitoyables au profit quasi exclusif de la doctrine du libéralisme autoritaire. Qu'elles ont agi en connivence avec les nations les plus riches et à l'abri de toute autorité de contrôle.[86] Qui sensément pourrait placer sa confiance en cet ensemble de lobbies placés sous l'attraction directe et indirecte des réseaux d'influence et de corruption mandatés par la véritable gouvernance mondiale ?

6 - QUE SE CACHE-T-IL DERRIÈRE LA GLOBALISATION ONUSIENNE

Vous, habitants de la planète Terre, serez bientôt confrontés à un projet monstrueux dont l'ambition despotique est d'appliquer promptement la doctrine imaginative de KELSEN. Elle légitime l'édification d'un gouvernement mondial unique[87] dont les agences de l'ONU sont prévues pour devenir très probablement

---

[86] voir Bibliographie

[87] La doctrine de KELSEN consiste à dévisser le droit du socle de ses fondements idéologiques et moraux, pour n'en faire qu'une pure technique de régulation au service de l'État laïc. Ainsi le droit c'est l'État – État et droit ne sont qu'un même phénomène sociétal. L'État est puissance parce qu'il est un ordre qui impose aux individus une certaine conduite, des normes, son ordre normatif est ainsi formulé : "On doit obéir aux commandements du constituant". C'est une constatation technique et non pas une obligation morale et/ou religieuse. C'est une nécessité fonctionnelle, un point c'est tout. Selon KELSEN ce qui est vrai pour l'ordre juridique étatique est vrai pour l'ordre juridique international. La question qui se pose est alors de savoir quel est l'ordre juridique qui doit l'emporter sur l'autre, s'agit-il de l'ordre interne sous la direction légitime de chaque pays ou de l'ordre international sous la direction illégitime de… ?
En définitive, KELSEN se prononce pour la primauté du droit international, ce qui repose le problème de la norme fondamentale qui relèvera du principe de l'effectivité.
En l'état actuel des choses, le droit international reste un ordre encore primitif, mais il est très convoité. Pour la primauté du droit international sur le droit interne de l'État-nation, dans un premier temps Hans KELSEN affirme que les juristes n'ont pas à se prononcer sur la question de cette primauté dont le choix relève d'un déterminisme politique ou idéologique. Puis KELSEN affirme la supériorité de l'ordre juridique international, pour la raison qu'il y a plusieurs ordres étatiques coordonnés entre eux et délimités les uns par rapport aux autres. Et parce que c'est le droit international qui réalise cette coordination et cette délimitation. Selon lui, **le droit international est nécessairement supérieur aux droits internes des nations puisque c'est lui qui les réunit en une communauté juridique universelle.** *Il certifie alors que cette communauté juridique universelle doit être fondée que sur l'existence d'une norme fondamentale du droit international.*

des ministères à l'échelle mondiale. Dès les années 1990, la globalisation façon onusienne, incluant une religion unique et la convergence de la finance mondiale, transparaît dans le rapport du Programme des Nations Unies pour le Développement PNUD - 1994. Cette visée globale avait fait l'objet d'une étude[88] réalisée par Jan TINBERGEN (prix Nobel d'économie 1969), à la demande de l'ONU, en voici un extrait :

« Les problèmes de l'humanité ne peuvent plus être résolus par les gouvernements nationaux. **Ce dont on a besoin, c'est d'un gouvernement mondial.** *La meilleure façon d'y arriver, c'est de renforcer le système des Nations Unies. Dans certains cas, cela signifierait qu'il faut changer le rôle d'agences des Nations Unies et que de consultatives elles deviennent exécutives.*

Ainsi la FAO deviendrait le Ministère mondial de l'Agriculture, l'UNIDO deviendrait le Ministère mondial de l'Industrie, et l'ILO le Ministère mondial des Affaires sociales. Dans d'autres cas, des institutions complètement nouvelles seraient nécessaires.

Celles-ci pourraient comporter, par exemple, une Police mondiale permanente qui pourrait citer des nations à comparaître devant la Cour Internationale de Justice, ou devant d'autres Cours spécialement créées. Si les nations ne respectaient pas les arrêts de la Cour, il serait possible d'appliquer des sanctions, tant non militaires que militaires… »

LES OBJECTIFS DU MILLÉNAIRE, TOUT D'ABORD UNE RÉFORME DU SYSTÈME FINANCIER

La globalisation onusienne, représentative de qui domine le monde, n'est autre que la synthèse de l'ensemble des institutions supranationales politiques et financières instrumentalisées et

---

[88] Le texte de cette étude figure dans the Human Development Report 1994, publié par le PNUD, New York et Oxford, 1994 - p. 88.

subordonnées aux directives de la véritable gouvernance mondiale. Depuis 1994, le PNUD, derrière une vitrine humanitaire, n'a cessé d'œuvrer au globalisme. Il définit clairement la situation actuelle de triple crise – des turbulences financières – de la pauvreté mondiale – des changements climatiques. Son administrateur Kemal DERVIS,[89] semblant s'intéresser aux pays pauvres, précise que la défense de ces pays passe par un financement nécessaire au développement du tiers-monde (Doha). Il situe **l'action à conduire** sur la base d'un développement économique durable, incluant **une refonte du système financier**, il déclara le 2 décembre 2008 :

« *Nous continuerons de travailler avec les pays à bas revenu pour faire en sorte que leur voix se fasse entendre clairement à la table de négociation, que leurs besoins soient résolument reflétés dans **un tout nouveau système financier** et que soit renforcée leur capacité d'accéder au financement du développement et d'en faire usage pour atténuer la pauvreté et pour instaurer un développement économique durable* ».

Le 24 mars 2010, s'exprimant au nom de l'ONU, le secrétaire général Ban Ki-Moon, dans le cadre de la réalisation des objectifs du millénaire, appelle lui aussi à une réforme du système financier international. Dès le mois de juin, l'ONU a tenu à renforcer la coordination entre ses équipes et les institutions de Bretton Woods : Banque mondiale – Fonds monétaire international – Organisation mondiale du commerce – Conférence des Nations Unies sur le commerce et le développement. Il confirme :

Ω – « *La remise en question fondamentale déclenchée par la crise économique et financière fournit à la communauté internationale une occasion rare pour la réforme financière, une réforme qui peut assurer une croissance plus stable, la création d'emplois et le développement durable* ».

---

[89] Ex-président du CFR – président et co-fondateur de la Commission trilatérale – membre du Bilderberg.

LA PHASE ULTIME DE LA GLOBALISATION, LE CONTRÔLE TOTAL DE L'ÉCONOMIE

L'ONU a donc appelé à une réforme du système financier international pour acquérir de meilleurs mécanismes de coordination des politiques économiques. Trois tables rondes multipartites portent sur cette réforme, sur l'impact de la crise économique, sur la coopération au développement. L'appel à la nécessité de ce type de réforme conjointement à la formation d'une nouvelle gouvernance mondiale correspond précisément à la théorie économique de TINBERGEN (voir ci-dessus son rapport pour le PNUD) et à celle de MUNDELL (prix Nobel d'économie 1999), père de l'Euro et annonciateur d'une monnaie mondiale unique adossable à l'or. La réussite de la globalisation dans sa phase ultime passe d'abord par un contrôle total de l'économie. Un volet du plan en cours d'achèvement, mais sans que les chefs d'État ni les peuples ne puissent en saisir la finalité relative à l'introduction d'un nouvel Ordre politique du monde. Voir plus haut, le sous-titre – du nouveau système financier au nouvel Ordre politique du monde.

IL FAUT SE HÂTER DE TROUVER LES FONDS POUR SOUTENIR UN NOUVEAU SYSTÈME FINANCIER ?

En l'état actuel de pré faillite budgétaire de l'ONU et des nations confrontées à une crise d'endettement et de solvabilité gravissime, nombre de chefs d'État très soucieux du sauvetage de l'économie mondiale s'agitent et réagissent pour tenter de trouver une formule de régulation. Au cours de sommets internationaux, ils avancent le besoin urgent d'établir de nouvelles règles de la finance mondiale. D'élaborer un modèle légalisé, posant un nouveau fondement économique,

permettant à tous de trouver les solutions les plus appropriées.

Mais pour cela, outre l'élaboration effective des bases organisationnelles de son fonctionnement, il faut se hâter de trouver les fonds nécessaires à son édification. La crise majeure de 2008 ayant vidé les caisses des États nation, où et comment trouver utilement les moyens matériels pour y parvenir ?

PUISER DANS L'ÉPARGNE POPULAIRE, DÉPOUILLER LES RELIGIONS DE LEURS TRÉSORS CACHÉS ?

En échangeant des dollars sans valeur issus de la planche à billets de la FED contre de l'or physique. Ce que fait le FMI au détriment de pays en difficulté, cas de la Grèce en 2012. En nationalisant les mines d'or, d'argent. En projetant de réquisitionner par décret les métaux précieux détenus par les particuliers, notamment l'or, ce qui est très difficile à réaliser. En puisant dans l'épargne populaire, ce qui est très probable, mais au risque d'insurrection. Possiblement en puisant dans les paradis fiscaux, mais une partie de l'élite mondiale aux manettes de l'ONU et des nations y détient des comptes. Mettre la main sur l'ensemble des œuvres d'art, mais une partie de l'élite en possède, si tel était le cas qui oserait les acheter de peur qu'on ne les lui reprenne aussitôt.

Resteraient uniquement les biens immobiliers et les trésors cachés des religions, mais comment les dépouiller ? Par la diplomatie, par la menace, sinon par la violence armée, ce qui reviendrait à les éliminer complètement, à les réduire à néant. Dans ce dernier cas très probable, se poserait au milieu financier et économique l'immense problème de la perte du chiffre d'affaires mondial réalisé par les activités commerciales des branches religieuses. Un volume de ventes ponctué en occident par les multiples fêtes, réjouissances, et traditions populaires de la chrétienté : Noël – Pâques – Toussaint – Halloween – Saint Valentin... Toutefois, l'engloutissement du monde religieux ne correspondrait pas non plus au schéma de culte fusionnel élaboré par les esprits brillants.

CONTREFAÇON DU MODÈLE ÉCONOMIQUE KEYNÉSIEN ET GLOBALISATION

D'ores et déjà, un nouveau modèle économique est en préparation. Lawrence SUMMERS[1] l'actuel chef économiste du FMI et nombre d'autres dirigeants politiques veulent présenter la conception gémellaire dite de la nouvelle économie keynésienne et de la globalisation. Elle donne impérativement une place prépondérante aux marchés et à la stratégie monétaire, source de précision décisionnelle économique, le seul moyen selon eux de porter et de développer la production et l'emploi.

[1]Membre du cœur de cercle de Bilderberg – du CFR – de la Trilatérale – Secrétaire au Trésor sous CLINTON – économiste en chef de la Banque mondiale – ancien président de l'Université d'Harvard – grand ingénieur de la mondialisation.

Ils prétextent chercher à compenser une soi-disant dimension d'incertitude dans le keynésianisme des accords Bretton-woodiens de 1944, qu'ils ont eux-mêmes brisé en 1971, plutôt qu'à simplifier et favoriser la dynamique entre macro et micro-économie comme moyen général de redistribution de richesses. Une expérience économique, bien qu'incomplète, réalisée au cours du trentenaire dit glorieux (1945 -1975), qui a permis à toutes les couches sociales de profiter relativement bien des fruits de la croissance générés par le cycle de l'économie réelle.

7 - L'ÉCOLE PUBLIQUE GARDERA-T-ELLE SA PRÉPONDÉRANCE SOCIALE ?

Avec la montée en puissance de la globalisation économique, le savoir est commercialisé comme un produit banal. Les populations les plus pauvres n'ont accès qu'à un enseignement de qualité médiocre. La discrimination et l'exclusion sociale commencent dès l'école primaire, avec pour conséquences d'interdire aux enfants pauvres des pays du Nord et du Sud l'accès aux savoirs spécialisés. C'est un moyen opérant pour les écarter d'emblée de responsabilités socioprofessionnelles potentielles. Socialement de les figer sur leur continent d'origine, sans espoir de mobilité vers les pays riches. A minima, la condition d'une globalisation économique et politique équitable serait de donner à tous l'accès à l'alphabétisation, à l'éducation de base.

Or, comment pourrait-on imposer d'en haut une société globale lorsque 50 % de ceux appelés à la composer ne maîtrisent pas leur propre langue, ni les éléments pédagogiques de base, ni les outils essentiels du savoir et du développement. En ne considérant que cette seule partie du sujet, le projet globaliste et universaliste ne serait plus du tout l'image d'un joli village global que l'on veut faire miroiter. Cette déqualification d'ores et déjà organisée ne ferait qu'aggraver l'exclusion du savoir et conséquemment astreindrait le plus grand nombre d'individus et de nations à l'abaissement intellectuel, social et à plus de pauvreté.

8 - LES RELIGIONS SERONT-ELLES INTÉGRÉES DANS LE GLOBALISME ?

Une question essentielle, car depuis la nuit des temps l'homme a toujours éprouvé naturellement, en son for intérieur, le besoin d'exprimer sa croyance en un Être suprême. De ce fait, quelle que soit l'époque, il a toujours cherché à développer sa spiritualité sur la base d'une pratique cultuelle. L'acte religieux est un besoin fondamental de la vie sociale puisqu'il correspond au ressenti de 95 % de la population mondiale. Avant de développer plus avant la réponse de l'intégration de la multiplicité des cultes, il est nécessaire de scruter le comportement politique de la chrétienté qui depuis le troisième siècle de notre ère est la religion dominante en occident. Elle a toujours entretenu des rapports étroits avec les puissants de la planète Terre. Depuis quelques décennies, il est capital de savoir comment elle est perçue par les autorités de la véritable gouvernance mondiale. Peut-elle poursuivre durablement son étroite collaboration avec les élites de cette Terre ?

LA CHRÉTIENTÉ A COURTISÉ LES PUISSANTS EN SOULAGEANT MAINTES FOIS LEUR CONSCIENCE

Depuis son fondement par l'empereur romain CONSTANTIN au troisième siècle de notre ère, la religion catholique romaine, l'église la plus puissante de la chrétienté, n'a eu ce cesse de déployer une grande activité diplomatique pour influencer et courtiser les dirigeants mondiaux de tous acabits, empereurs, rois, dictateurs, afin d'en retirer plus de puissance et d'autres avantages, tout en soulageant maintes fois leur conscience. Ces relations politico-religieuses ont été les conditions préalables

à de nombreuses guerres, persécutions, misères, sur une vaste échelle. Voir en 4ᵉ partie – les sectes au cours de l'histoire, en abrégé, l'exemple des cathares, des huguenots.

Tout au long de son histoire, cette religion a délibérément influencé les décisions arbitraires de païens et soutenu nombre de projets inhumains. La collaboration avec le nazisme est la plus criante de cette relation partiale, contre nature. Le Vatican et la majorité des ecclésiastiques soutinrent activement ou tacitement la dictature nazie qu'ils considéraient comme un rempart contre la poussée du communisme international. Confortablement installé dans le palais du Vatican, PIE XII ne critiqua même pas l'extermination des juifs et d'autres ethnies. Outre l'ingérence en politique, la bénédiction des armes de chacun des camps en conflit était devenue un rituel quotidien. Voici un exemple, parmi bien d'autres, de prière pour la guerre :

« Les évêques catholiques allemands réunis en synode à Fulda demandent la bénédiction pour la victoire […]. Ils ont recommandé l'introduction d'une prière pour la guerre, prière spéciale qui doit être lue au début et à la fin de chaque office. Cette prière supplie la Providence (une nouvelle divinité bien arrangeante) *de bénir les armes allemandes en leur accordant la victoire, et de protéger la vie et la santé de tous les soldats. Les évêques ont également donné des instructions aux prêtres pour qu'au moins une fois par mois, dans un sermon dominical spécial, ils aient une pensée pour les soldats allemands qui combattent sur terre, sur mer et dans les airs ».* Prière pour la guerre en faveur du Reich, première édition du New York Times du 7 décembre 1941. L'article fut retiré des éditions suivantes du journal !

Après avoir su conquérir et exploiter leurs amants politiques, **les principales religions cherchent activement un consensus pour parvenir à un rassemblement œcuménique.**

LA CHRÉTIENTÉ À LA RECHERCHE D'UNE FUSION CULTUELLE AVEC LES AUTRES CONFESSIONS

En 1969, le Conseil mondial des Églises a rassemblé chrétiens et musulmans pour établir le dialogue. En 1976, lors d'un séminaire à Tripoli, l'Académie royale des civilisations islamiques formalise ce rassemblement. Plus tard, en Turquie, Jean Paul II s'adresse aux catholiques du pays leur précisant « *Je me demande s'il est maintenant urgent de développer, à un moment où chrétiens et musulmans sont entrés dans une nouvelle période de l'histoire, des liens spirituels qui nous unissent* ».

En 1986, à Assise en Italie, pour la première fois dans l'histoire, le Pape Jean Paul II invite les leaders des 12 principales religions du monde. Une statue de Bouddha est posée sur l'autel en symbole de mise en synergie de leur énergie spirituelle. Un geste emblématique pour cristalliser la volonté commune du monde religieux de prier côte à côte un même Dieu afin de poser les fondements d'une nouvelle ère de paix. Ce Pape avait prédit que viendrait le jour de l'unité dans la foi, au cours duquel toutes les religions se rassembleraient autour d'un même culte. La volonté papale de démontrer toute l'importance d'une ouverture envers les cultes non chrétiens pour une approche multi cultuelle des peuples. Pour y parvenir pleinement, le Pape Jean Paul II, cherchant à imiter l'apôtre Paul, n'a pas hésité à prêcher dans une église luthérienne. Il a engagé le dialogue avec des grands prêtres et des sorciers vaudous, jusqu'à prendre part aux rites animistes pratiqués dans la forêt sacrée du Togo.

Même conception d'unification pour le Dahli LAMA. Avec son message de paix, il est persuadé que la concorde peut s'établir dans le monde uniquement sur la base d'une unité politique et spirituelle. Alice BAILEY, une des fondatrices du Nouvel Âge (**New Âge**) s'accorde sur la même vision d'une religion mondiale unique. Le Conseil mondial des Églises précise quant à lui la nécessité d'introduire et d'intégrer dans la foi chrétienne les concepts et pratiques issus des autres religions. **L'inter confessionnalisme** n'est pas une conception nouvelle puisqu'elle **remonte à Babylone, fondement de tous les cultes païens.**

En l'an 2000, pour la première fois de leur histoire, les Nations Unies ont tenu leur premier sommet pour la paix mondiale en vue du millenium à venir. Ce fut l'occasion de réunir des milliers de représentants et dignitaires religieux du monde, sans pour autant aboutir du premier coup à un accord. Lors d'un autre sommet, Kofi ANAN secrétaire général de l'ONU fit une nouvelle déclaration pour la paix. Cette fois, il lui fallait obtenir le soutien déterminé des chefs religieux en établissant avec eux un dialogue interconfessionnel plus étroit.

Après cette dernière démarche, Robert MULLER ancien assistant au secrétaire général de l'ONU, adepte du Nouvel Âge, exposa sa pleine satisfaction, disant :

Ω – « *L'unité du monde ne peut être réalisée sans la conjonction d'un gouvernement mondial et d'une même religion. Si Christ revenait sur Terre, sa première visite serait aux Nations Unies pour voir son rêve d'unité et de fraternité des hommes se concrétiser. Il serait heureux de voir ses représentants issus de toutes les nations œuvrer ensemble* ».

En juin 2006, de son côté, l'Union européenne a aussi organisé une série de rencontres interconfessionnelles, réunissant les chefs religieux juifs, chrétiens, musulmans, et bouddhistes, dont le Dahli LAMA et l'élite des politiciens européens.

LA CHRÉTIENTÉ APPELLE À UN NOUVEL ORDRE MONDIAL

À Noël 2005, lors de la messe, le Pape Benoît XVI s'exprima ainsi :

« *Homme moderne, adulte pourtant parfois faible dans sa pensée et dans sa volonté, laisse-toi prendre par la main par l'Enfant de Bethléem ; ne crains pas, aie confiance en lui !* *La force vivifiante de sa lumière t'encourage à t'engager dans l'édification d'un nouvel Ordre mondial*[90] *fondé sur de justes relations éthiques et économiques. Que son amour guide les peuples et éclaire leur conscience commune d'être une famille appelée à construire des relations de confiance et de soutien mutuel. L'humanité unie pourra affronter les problèmes nombreux et préoccupants du moment présent, de la menace terroriste aux conditions d'humiliante pauvreté dans laquelle vivent des millions d'êtres humains, de la prolifération des armes, aux pandémies et à la dégradation de l'environnement qui menace l'avenir de la planète* ».

Pas d'Amour sans paroles – Dans l'introduction, le Pape poursuit en apportant sa touche personnelle à l'enseignement

---

[90] Cette citation est étayée par celle du 6 juillet 2009 à la veille de l'ouverture du G8 à Aquila en Italie. Dans le cadre du pontificat de Benoît XVI, lors de la présentation de sa première encyclique sociale en six chapitres « Caritas in veritate », le Pape s'adresse à l'ensemble des catholiques pour leur faire connaître ses propositions, en 150 pages. Par rapport à la crise des crises, il énumère les grands défis de la mondialisation à la lumière de l'enseignement social catholique et réclame l'instauration d'une gouvernance mondiale confiée à l'ONU, qu'il souhaite voir réformée d'urgence. Il dit à ce sujet :
« Cette autorité constituerait un degré supérieur d'organisation à l'échelle internationale, elle devrait aussi procéder à un désarmement intégral, parvenir à la sécurité alimentaire, assurer la protection de l'environnement, réguler les flux migratoires, tout ceci selon le principe de solidarité » […] Pour BENOIT XVI, il faut que la crise économique devienne « une occasion de discernement, afin de mettre les hommes en capacité d'élaborer de nouveaux projets ». Source AFP : http://www.radio-canada.ca/nouvelles/International/2009/07/07/003-Pape-encyclique.shtml

social de l'Église. À la charité, pilier traditionnel de la doctrine sociale, il ajoute celui de la vérité, car dit-il « *dépourvu de vérité, l'amour bascule dans le sentimentalisme, l'amour devient une coque vide susceptible d'être arbitrairement remplie au gré du relativisme ambiant... Ainsi, dans la vérité, l'amour reflète en même temps la dimension personnelle et publique de la foi au Dieu biblique qui est à la fois Charité et Vérité, amour et parole.* L'Église *n'ayant aucune solution technique* (technocratique) *à offrir, sa doctrine sociale n'est autre qu'une annonce de la vérité de l'amour du Christ dans la société* ».

Dès 2005, le Pape Benoît XVI, à l'identique de son prédécesseur **Jean PAUL II, souligne aussi le besoin d'établir une véritable autorité politique mondiale, de l'accompagner d'une réforme de l'architecture économique et financière internationale.** Tous deux ont soutenu tout en nuance le projet d'une gouvernance mondialisée, **mais sans qu'elle s'impose en une sorte d'autorité internationale**. Selon eux, c'est une garantie que « *La liberté des personnes s'exprime aussi à travers les nations* ». **C'est dire leur ignorance du dessein hégémonique de la gouvernance occulte.** En conclusion, ces deux Pontifes, notamment Benoît XVI confronté aux premières conséquences de la crise majeure, sollicitent une autorité mondiale pour gouverner l'économie mondiale, assainir les économies frappées par la récession, l'endettement, et prévenir son aggravation de plus grands déséquilibres encore.

Par ailleurs, le préfet du Conseil pontifical Justice et Paix, le cardinal Renato Raffaele MARTINO, lors d'une conférence de presse de présentation du texte de l'encyclique, le 29 juin 2009, souligne que l'ONU devrait avoir l'autorité nécessaire pour résoudre les problèmes du monde. Mais qu'il n'appartient pas au pape Benoît XVI de dire ce qui doit être fait en la matière. Des propos contradictoires puisque le Pontife s'est lui-même impliqué en politique lorsqu'il a dit une semaine plutôt, à l'ouverture du G8, le 6 juillet, qu'il souhaitait voir l'ONU être réformée d'urgence.

Pourquoi impliquer l'amour du Christ dans l'encouragement à impliquer la grande multitude à l'édification d'un nouvel Ordre politique du monde. Qui parmi les chrétiens catholiques pourrait ignorer le refus catégorique du Christ de participer à une quelconque affaire politique ou partisane. Sans qu'il ait besoin de faire une campagne électorale, après avoir vu les signes puissants qu'il accomplissait, le peuple a voulu l'établir en roi politique. N'a-t-il pas refusé radicalement cette offre venant de son propre peuple ? Disant aux foules enthousiastes que son royaume ne fait en aucun cas partie des éléments politiques et commerciaux de votre monde – Évangile de Jean 6 : 14, 15 – 18 : 36.

N'est-ce pas s'immiscer en politique de la part de Benoît XVI que de s'entourer officiellement depuis 2006 d'Henry KISSINGER comme conseiller spécial en politique étrangère, le berger déguisé en loup, placé au sein de la chrétienté dont il a planifié l'éradication. De quoi s'inquiéter, car le Pape l'a choisi pour mieux coordonner, finalement pour imposer à tous, la future religion mondiale.

Comment la principale religion de la chrétienté pourrait-elle s'engager innocemment en politique en faisant la promotion pour l'édification ou le renforcement d'une structure de type onusien ? Est-ce envisageable de suivre les conseils du Pape pour l'édification de ce type de nouvelle gouvernance mondiale se prévalant d'apporter plus de justice ? Est-il réaliste de soutenir que l'humanité grâce à elle saura affronter tous les immenses problèmes contemporains. Comment peut-on affirmer qu'il s'agit de la seule solution pour faire face à toutes les menaces monstrueuses qui pèsent sur l'humanité ?

Qui pourrait prétendre, ou faire croire, qu'une structure politique qui prédominerait toutes les religions aurait réellement capacité de soustraire définitivement pauvreté – famine – pandémies – exclusion sociale – terrorisme – prolifération d'armes de destruction massive – dégradation gravissime de l'environnement ? Après plusieurs décennies d'existence, tout un chacun a pu constater que L'ONU et la SDN avant elle n'ont pas pu empêcher l'accumulation de ces gigantesques problèmes planétaires, ni endiguer les conséquences dramatiques qui en ont découlé. Alors, de quel bon sens, de quelle nouvelle formule d'intelligence, a-t-on besoin pour comprendre qu'aucune solution ne peut provenir d'une organisation de type onusien, ou de type New Âge, fondée sur l'idéologie universaliste, holistique. À moins d'être une coquille vide !

L'HOMME MODERNE COMME UNE COQUILLE VIDE EST PARFOIS FAIBLE DANS SA PENSÉE, DANS SA VOLONTÉ

Peu après la rédaction de la première partie des Saintes Écritures (le pentateuque, ou cinq premiers livres de la Bible), les chefs religieux juifs, avant tout soucieux de leur propre gloire et de leur prédominance sur le peuple, s'organisèrent pour en dénaturer le sens originel. Après la mort des pères apostoliques, dès le troisième siècle de notre ère, la chrétienté a procédé de la même manière. Elle a délibérément tordu le sens des enseignements originels de Jésus Christ, tel qu'ils sont consignés dans le Nouveau Testament, en y mêlant à des fins politiques et diplomatiques des doctrines païennes.

Dans ce contexte historique de dénaturation marquée et ininterrompue des valeurs judéo-chrétiennes, que pourrait-il rester de bon et de fiable par rapport à l'enseignement de base des Saintes Écritures ? Considérant que le contenu de ces Écrits saints originaux dans l'intégralité reste infalsifiable et intemporel. Qu'il a pu traverser intacte les âges et résister à tous les conflits politiques et religieux sans perdre de sa valeur scripturaire. Serait-il donc sensé de placer sa confiance envers une organisation religieuse qui n'intègre pas l'enseignement complet des Écritures, et qui ne se montre pas fidèle, notamment en ne respectant pas les préceptes incessibles des évangiles, ou Nouveau Testament (étymologiquement bonne nouvelle) ? Lesquels ont été conservés jusqu'ici sans la moindre distorsion par rapport au sens initial donné lors de leur rédaction.

En définitive, quiconque décide de s'écarter de cet enseignement originel n'est plus *qu'une coquille vide* qui psychiquement peut être remplie arbitrairement par toutes sortes de faux enseignements – *dixit Benoît XVI*. Sans réelle connaissance, ni discernement, sur la tournure que prennent les événements mondiaux, sur la déviation sociétale et environnementale qu'ils entraînent, la grande multitude de gens se trouve dans une condition mentale de vacuité effective. C'est exactement dans cette situation psychique amoindrie et dénuée de toute intelligence pratique que les esprits supérieurs la jaugent et la positionnent.

En intégrant cette donnée, l'on saisit mieux le rapport à faire avec le scénario programmé d'une possible invasion d'extra-terrestres[91] assortie de toute la mise en scène prévue à cet effet. Une machination entièrement basée sur la crédulité populaire faite de la peur de l'au-delà et paradoxalement du sentiment inné d'adorer indistinctement une divinité. Les esprits supérieurs ont constaté le besoin du plus grand nombre d'appeler l'aide du ciel in extremis, quand tout va très mal. À ce moment-là, le besoin de se confier à un dieu protecteur est très intense. Mais comment serait-ce possible de recevoir son aide si l'on ne sait pas le distinguer des fausses divinités, si l'on ne connaît pas ses attributs, ses traits de personnalité, si l'on ignore son dessein complet relatif à la planète Terre.

---

[91] scénario explicité dans notre livre « *Hautes technologies – Utilisations inimaginables.* »

UN GOUVERNEMENT MONDIAL DIRIGÉ PAR UN LEADER MONDIAL, ASSORTI D'UNE RELIGION MONDIALE

Citation clé - Ω - En l'an 2000, l'un des porte-parole des esprits brillants, Robert MULLER, ancien sous-secrétaire général de l'ONU pendant 40 ans, annonça : « *Dès que possible, nous devons arriver à bâtir un gouvernement mondial et une religion mondiale dirigés par un leader mondial* ». Auparavant, il avait précisé sa pensée « *Les grandes religions doivent s'activer pour établir et reconnaître l'unicité de leur mouvement œcuménique dans la diversité des cultes. Elles doivent donc coopérer pour obtenir un degré jamais atteint d'une meilleure compréhension des mystères de la vie et de notre place dans l'univers, car dans l'âge planétaire, nous devons abandonner à jamais la pensée d'affirmer ma religion est bonne ou mauvaise, ma nation est bonne ou mauvaise* ».

EN OCTOBRE 2011, LE VATICAN APPELLE À UNE RÉFORME DU SYSTÈME FINANCIER INTERNATIONAL

Le Cardinal Peter KODWO, président du Conseil pontifical Justice et Paix, lors d'une conférence de presse a présenté un document intitulé « *Pour une réforme du système financier international dans la perspective d'une autorité publique à compétence universelle* ». Antérieurement, Benoît XVI a plaidé à plusieurs reprises en faveur de l'intervention publique pour tenter de s'opposer à la logique des marchés, soulignant la fragilité du système économique actuel, de ses institutions, et les conséquences pour les populations les plus pauvres.

« *La crise financière mondiale a démontré la fragilité du système économique actuel et des institutions qui lui sont liées* », avait déclaré le pape en avril, soulignant que cette crise « *a aussi montré l'erreur qui consiste à penser que le marché est capable de s'autoréguler, sans intervention publique et sans aucune référence morale internationale* ».

Fresque du transport des richesses du temple de Jérusalem par l'armée romaine au 1er siècle

Le Vatican est d'autant plus concerné par ce type de réforme qu'il se soucie[92] du devenir de son immense trésor accumulé au fil des siècles, dont le plus grand stock d'or au monde. Il comprend **tous les objets sacrés**[93] utilisés au temple de Jérusalem et par la nation d'Israël (à minima 2500 tonnes d'or, plus une multitude de pierres précieuses…),[94] au total un incalculable pactole volé par les troupes romaines, ramené à Rome en l'an 70, et revendiqué[95] à juste titre en 2003 par l'Etat d'Israël. Ainsi que les autres immenses richesses acquises depuis le 3e siècle à ce jour.

---

[92] **Démission du Pape : l'envers du décor**
https ://www.youtube.com/watch ?v=Sy-ABWfNfjE
[93] **Expédition intéressante dans les profondeurs du Vatican**
http://www.juif.org/le-mag/171,expedition-interessante-dans-les-profondeurs-du-vatican.php
[94] Livre *l'arche de l'alliance* de Sarah FRYDMAN
[95] **Des ustensiles du Temple de Jérusalem au Vatican**
https ://mazaltop.wordpress.com/2011/08/15/des-ustensiles-du-temple-de-jerusalem-au-vatican/

LES ESPRITS SUPÉRIEURS SE FÉLICITENT DE CETTE PRISE DE POSITION ECCLÉSIASTIQUE EN FAVEUR D'UN ORDRE NOUVEAU

L'élite de la véritable gouvernance mondiale se réjouit de la participation active et promotionnelle du pape à l'édification d'un nouvel Ordre. Il est question d'assurer une double direction politique et religieuse du monde exerçable uniquement par un futur leader mondial. Puisqu'il s'agit d'une très lourde charge, hors d'atteinte de la capacité humaine à l'exercer, serait-ce une prise de participation de Dieu lui-même ?

En 1473 a.v.n.è, sur le mont Sinaï, lorsque Moïse l'un de ses serviteurs agréés lui demande de le rencontrer, voici la réponse qu'il reçut « *Tu ne peux voir ma face et rester en vie* » – Exode 33 : 20. Avant lui en 1026 a.v.n.è, à Jérusalem, lors de l'inauguration du temple, Salomon pria ainsi « *Est-ce que vraiment Dieu habitera sur la Terre ? Vois ! Les cieux des cieux, oui les cieux des cieux* (l'univers) *ne peuvent le contenir ; combien moins donc cette maison que j'ai bâtie !* » – 1-Rois 8 :27. Avant lui, vers 750 a.v.n.è, par l'intermédiaire du prophète Isaïe, Dieu déclara « *Les cieux sont mon trône et la Terre est mon marchepied, où donc est la maison que vous pouvez me bâtir, et où donc est le lieu qui puisse me servir de lieu de repos ?* » – Is 66 :1.

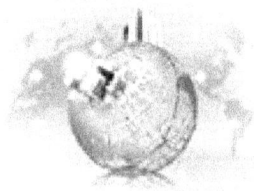

De la période de rédaction du livre d'Exode à celle d'Isaïe, sur une durée de sept siècles rien n'a pu modifier la pensée biblique sur la position unique, suprême, sur l'omnipotence, du Créateur. Dieu dont on sait qu'il est tout puissant, invisible et physiquement inaccessible, a dit clairement qu'il ne peut séjourner sur aucune planète. A fortiori, il est inenvisageable qu'il intègre une quelconque bâtisse, ou une structure humaine, fut-elle aussi vaste et somptueuse que le temple de Salomon dédié tout spécialement à son nom. Du fait de ses hautes qualités de justice et de son propre dessein pour cette Terre, il ne prendra non plus aucune part personnelle ou par représentant interposé à ce royaume-là, occulte et luciférien de surcroît.

Alors de quel leader peut-il s'agir ? La question est confondante, car il s'agit d'un Être mensongèrement transcendé à l'échelle de la planète, par le biais d'un artifice captieux de haute technologie[1]. Il s'agit d'un antéchrist au travers duquel se reconnaîtront tous les individus dont l'âme ressemble à une coquille vide. Avant que le faussaire n'apparaisse dans toute sa splendeur, sa gloire, des dispositions doivent être prises pour imposer une seule religion au monde entier. Cela ressemble à une décision dictatoriale ; oui, c'en est une.

LES COQUILLES VIDES SERONT ARBITRAIREMENT REMPLIES !

Néanmoins, tout est prévu pour ne pas donner le sentiment d'un acte imposé. Pour faire admettre malignement à tous l'adoption d'un culte religieux unique, cela nécessite le déploiement d'un plan finement préparé pour à la fois éblouir, charmer, désorienter, somme toute pour manœuvrer l'esprit en grande partie vide de la grande multitude. L'acceptation de ce culte universel passe nécessairement par la présence rassurante d'un leader religieux charismatique, prépondérant et fusionnel. Il serait à lui seul représentatif des trois principaux chefs spirituels mondiaux – Jésus – Mahomet – Bouddha – C'est à ce moment-là que les coquilles vides, dont parle BENOIT XVI, seront arbitrairement remplies. Tout individu dénué d'un solide discernement, d'acuité spirituelle, ne pourra pas se soustraire à cette mystification, car de puissants moyens de persuasion sont prévus à cet effet.[96]

Du côté de la gouvernance mondiale occulte, tout sera fait pour consolider cette vision holistique et artificielle de l'universalité religieuse et politique. D'ici là, certains obstacles doivent être aplanis et tous les instruments prévus à cette fin ont été préalablement éprouvés. La constance et la stabilité des bonnes relations de collaboration entre les autorités politiques officielles et l'ensemble des religions seront-elles durablement assurées ?

Le grand public est à mille lieues d'imaginer la fixation prochaine d'un seul, d'un unique, culte mondial. Pour y parvenir, aussi surprenant que cela puisse paraître, la religion catholique romaine, l'élément central de la chrétienté, figure parmi les obstacles à neutraliser en premier.

Logo officiel de l'ONU

---

[96] Scénario explicité dans notre livre « Le Secret des Hautes Technologies ».

EN L'AN 2000, UNE PREMIÈRE TENTATIVE ONUSIENNE D'UNIFICATION DE TOUTES LES RELIGIONS

Du 28 au 31 août 2000, une première tentative d'unifier les religions en un seul culte universel fut élaborée et organisée par l'ONU en son siège de New York. Un Sommet pour la paix réunissant les leaders spirituels et religieux de la planète Terre et le Parlement des religions du monde, un des principaux organismes internationaux inter-religions, associé à ce Sommet. Il était organisé dans le cadre des célébrations du millenium pour la paix.

L'objectif fut de lancer « *l'initiative unie des religions* » dont le leitmotiv typologiquement druidique est le rassemblement cultuel pour veiller à la santé de cette Terre-Mère – Gaïa – et censément à celle de tous les êtres vivants qui l'occupent. Pourtant, malgré l'étroite collaboration à divers projets politiques dont a toujours su faire preuve la religion catholique, cette initiative fut si surprenante et inattendue pour les délégués officiels qu'à la fin de ce Sommet pour le Millenium le Cardinal ARINZE représentant le Saint-Siège refusa de signer cette résolution exceptionnelle frappant d'uniformisation toutes religions.[97]

Ce projet millénariste, également fort influencé par les chefs initiateurs du New Âge (NÂ), fut préparé dans le but non pas de réunir toutes les religions, mais d'imposer le plus subtilement possible à tous une nouvelle et unique religion mondiale. Puisque aucun accord n'a été finalisé à ce jour, et sachant que cette partie du plan doit aboutir, il faut donc s'attendre prochainement à l'interdiction de la libre pratique cultuelle traditionnelle, comme à celle de tout autre modèle de croyance et de prosélytisme et dans le même temps au pillage du fabuleux trésor du Vatican, aux richesses de toutes les religions.

---

[97] voir Bibliographie

L'on trouve ici une autre forme d'application alchimique entre la volonté onusienne et celle de GOETHE voulant imposer à l'Occident le culte de la Grèce antique comme nouvelle religion.[98] Cette détermination onusienne instrumentalisée par le Bilderberg group a reçu pour ordre de mission de parfaire une totale globalisation en modelant l'ensemble des religions disparates en une sphère unique, pour l'inclure, la fondre de façon alchimique,[99] à la politique, à l'économie, au droit onusien. Trois éléments que ce cartel maîtrise déjà, ceci afin d'être en totale adéquation avec l'âme globale de Gaïa.

Voici ce que disait Henry KISSINGER le 21 septembre 2003 recevant le Cardinal Roger ETCHEGARAY à l'UNESCO, en présence de nombreuses personnalités religieuses, Cardinaux, Imans et Rabbins :

Ω - « *La réconciliation entre les perspectives religieuses sera un des grands défis de notre temps* ».

Le Sommet pour la paix de l'an 2000 n'ayant pas eu le succès escompté, la volonté d'unifier toutes les religions du monde n'est que partie remise. C'est exactement en ce sens que s'exprima le 4 juin 2009 le tout nouvel ambassadeur de choix des esprits brillants, Barak OBAMA. Ce président, le temps de son mandat, est l'élu charismatique par excellence au service de la gouvernance occulte. À la fin de son discours du Caire, il appela de tous ses vœux au rassemblement des croyants, dans un formidable élan œcuménique, en voici un extrait :

« *Nous partageons tous cette planète pendant un court instant. À nous de décider si nous passons ce temps à nous concentrer sur ce qui nous sépare ou si nous nous engageons à faire ce qu'il faut de façon soutenue pour trouver un terrain d'entente, pour nous concentrer sur l'avenir que nous désirons pour*

---

[98] voir Bibliographie
[99] Voir – l'initiation au N.O.M. impose la transmutation alchimique de l'esprit – le rôle et le but de la pierre philosophale.

nos enfants, et pour respecter la dignité de tous les êtres humains. Tout ceci n'est pas simple. Il est plus facile de se lancer dans une guerre que de faire la paix. Il est plus facile de blâmer autrui que de s'examiner soi-même ; il est plus facile de voir ce qui nous distingue, plutôt que ce que nous avons en commun.

Mais il faut choisir le bon chemin, et non le plus facile. Il y a une règle essentielle qui sous-tend toutes les religions – celle de traiter les autres comme nous aimerions être traités. Cette vérité transcende les nations et les peuples. C'est une croyance qui n'est pas nouvelle, qui n'est ni noire ni blanche ni basanée, qui n'est ni chrétienne ni musulmane ni juive. C'est une foi qui a animé le berceau de la civilisation et qui bat encore dans le cœur de milliards d'êtres humains. C'est la foi dans autrui et c'est ce qui m'a mené ici aujourd'hui. Nous avons le pouvoir de construire le monde auquel nous aspirons, mais seulement si nous avons le courage de prendre un nouveau départ, en gardant à l'esprit ce qui a été écrit. Le Saint Coran nous dit : « Ô hommes ! Nous vous avons créés d'un mâle et d'une femelle, et nous avons fait de vous des nations et des tribus, pour que vous vous entre connaissiez.» Le Talmud nous dit : « Toute la Torah a pour objectif de promouvoir la paix.» La Bible nous dit : « bienheureux les artisans de paix – ils seront appelés fils de Dieu.» Les habitants du monde peuvent cohabiter en paix. Nous savons que telle est la vision de Dieu. C'est maintenant notre tâche sur cette Terre. Je vous remercie et que la paix de Dieu soit avec vous. Je vous remercie. Je vous remercie ».

En 2011, La Révolution dite du printemps Arabe organisée et dirigée par la CIA, aura une double utilité, conforter géo stratégiquement l'hégémonie des États-Unis en isolant plus encore l'Iran et la Syrie sur la scène internationale. Briser rapidement partout la férule islamiste afin que l'élite mondialiste puisse assurer la pleine réussite de son objectif universaliste. Il consiste à supplanter l'extrémisme religieux dictatorial en le remplaçant dans un premier temps par une pseudo démocratie à laquelle aspirent si vivement tous ces peuples soumis depuis plusieurs générations à ces régimes despotiques.

L'UNICITÉ ÉCONOMIQUE, POLITIQUE, RELIGIEUSE, UN DON BÉNI

Une fois que ces populations se seront rassasiées de liberté, après avoir cru obtenir le droit de disposer d'elles-mêmes, l'esprit plus malléable, elles s'ouvriront à d'autres perspectives progressistes. Ces masses humaines seront alors plus enclines à accepter l'unicité économique, politique, religieuse, présentée à elles comme un don béni par les instances du nouvel Ordre mondial.

Pour ne pas être fourvoyé par cette introduction à l'unicité cultuelle, conjointement à la détermination d'unicité économique et politique, il faut noter comment les esprits brillants tablent sur l'aura de la Pax americana pour assurer tous les croyants du monde de la légitimité de leur foi. Ceci en reconnaissant officiellement la valeur sacrée du Coran, du Talmud et de la Bible. OBAMA, placé à la tête de l'exécutif, le pouvoir de paille, s'exécute en prophète. Il use d'une grande persuasion pour que les peuples mêlés s'engagent d'eux-mêmes sur cette voie Appienne de libre pratique cultuelle pavée des meilleures intentions. Pendant que dans les coulisses du CFR, en toile de fond, la Pax onusienne instrumentée par le Bilderberg group vise et prépare la fondation d'une religion unique.

Il n'y a donc aucune forme de contradiction apparente entre la fervente volonté exprimée lyriquement par OBAMA d'accepter chacun des principaux courants religieux du monde et l'objectif universaliste onusien du culte unique, objet en l'an 2000 d'une première tentative syncrétique. Outre le rôle préparatoire des réseaux d'influence, tout cela ne relève que d'une puissante préparation psychologique des foules de croyants afin de les amener prochainement à se rassembler précipitamment pour s'unir en un seul culte fusionnel.

9 - Détermination farouche et intransigeance de la prochaine gouvernance mondiale

Le monument de Georgia Guidestones

Les dix commandements pour le nouvel Ordre mondial

1 - Maintenir l'humanité en dessous de cinq cents millions individus en perpétuel équilibre avec la nature.

2 - Guider la reproduction intelligemment en améliorant la forme physique et la diversité.

3 - Unir l'humanité avec une nouvelle langue vivante.

4 - Traiter de la passion, de la foi, de la tradition et de toutes les autres choses avec modération.

5 - Protéger les personnes et les nations avec des lois et des tribunaux équitables.

6 - Laisser toutes les nations régler leurs problèmes externes et internes devant un tribunal mondial.

7 - Éviter les lois et les fonctionnaires inutiles.

8 - Équilibrer les droits personnels et les devoirs sociaux.

9 - Faire primer la vérité, la beauté, l'amour en recherchant l'harmonie avec l'infini.

10 - Ne pas être un cancer sur la Terre, laisser une place à la nature.

Ces commandements sont le reflet d'une volonté païenne de s'arroger le droit de contrefaire l'acte divin authentique édicté dans le désert du Sinaï en 1513 av. n.è. En cette année-là, Moïse a reçu, par l'intermédiaire d'anges, la loi de Dieu sous la forme de simples tables de pierre qui ont été gravées du doigt divin. Ces injonctions lucifériennes ne sont donc que l'expression d'une sagesse tout animale et l'image de vils prédateurs de l'espèce humaine.

Le Stonehenge, monument de Georgia Guidestones, près d'Elberton, aux États-Unis , érigé le 22 mars 1980, composé de 6 blocs de granit de 6 mètres de haut, pesant 110 tonnes, à l'instar des monuments de pierre des Druides et de la tour de Babel, s'érige en une intention de défier Dieu et d'imposer à tous une autre loi. Celle d'une dominance politique universelle dénaturée, arbitraire, tyrannique, tout en osant pareillement à NIMROD,[100] en puissant tyran, s'opposer directement à Dieu et défier son droit légitime à gouverner ses créatures et l'ensemble de sa création.

Certaines particularités d'astronomie nécessitant de savants calculs ont été imposées par le très riche commanditaire de cet édifice, la pierre horizontale placée au sommet comprend un orifice indiquant à midi la date de chacun des jours de l'année solaire. Aux équinoxes et aux solstices, on voit le soleil se lever dans la fente de la colonne centrale, la nuit, une ouverture montre l'étoile Polaire.

---

[100] NIMROD est un personnage majeur de la franc-maçonnerie anglaise. Dans son encyclopédie maçonnique, Albert MACKEY médecin américain (1807-1881), précise qu'il fut l'un des fondateurs de la franc-maçonnerie.

L'EXACTE CORRESPONDANCE AVEC LES RITES DRUIDIQUES CELTIQUES

Les druides celtiques édifiaient des monuments, les mégalithes, constitués d'une ou plusieurs pierres de grandes dimensions érigées sans ciment pour en fixer la structure. Ils voulaient ainsi démontrer la plénitude de leur spiritualité. Ces édifices de pierre avaient un caractère astronomique, magique et cultuel. Des signes symboliques évoquant l'énergie y étaient gravés pour se relier au cosmos, à l'absolu. Leur implantation et leur orientation étaient fonction du mouvement des astres, principalement la Lune et le Soleil. Les rayons lumineux, selon leur arc elliptique, passaient au travers des pierres permettant au prêtre-roi des mégalithes d'annoncer l'heure correspondante à ces trajectoires sidérales. À cet instant précis, la source lumineuse éblouissante prenait une dimension cultuelle. Ce qui permettait aux observateurs intra-muros de mixer la pensée du sacré avec de multiples connexions cérébrales et des états de conscience particuliers,[101] à l'instar des initiés à la cause grandiose du N.O.M..

Au premier siècle, les peuples de l'Empire romain étaient réceptifs à l'astrologie, une science spéculative, un art divinatoire très populaire. Jules César avait remarqué comment les druides étaient hautement admirés pour leurs spéculations prédictives basées sur les étoiles. Ils connaissaient le cours des 12 signes du zodiaque, chacune des planètes s'insère au travers les signes de toute l'astronomie. Cela contradictoirement avec l'interprétation basée sur 13 signes faite par l'astrologie celtique du 8ᵉ et 15ᵉ

---

[101] Voir – ils ont appris à maîtriser tous les sentiments humains – ils possèdent une capacité assimilable au mentalisme.

siècle, contemporaine à celle des druides. Au 5ᵉ siècle av. J.C. ABARIS un druide qui discutait d'astronomie avec les Grecs d'Athènes connaissait tout aussi bien l'astrologie que l'astronomie, un art et une science qui à l'époque n'étaient qu'une seule et même discipline.

D'après les auteurs classiques, Cicéron, César, Pline, Tacite, Cassiodore... les druides étaient les maîtres incontestés de la science des astres. Ils célébraient leurs quatre fêtes, plus sociales que religieuses, aux équinoxes et aux solstices. Au 10ᵉ siècle, tout Irlandais bien éduqué connaissait les douze signes du zodiaque dans l'ordre du jour et du mois précis indiquant le soleil entrant dans chacun des signes.

L'étoile Polaire servait de guide au milieu de la Grande Ourse, cela permettait aux prêtres et au peuple d'établir un rapport direct avec les capacités, les atouts exceptionnels du roi Arthur. Le nom celtique de ce monarque signifie Art et à la fois ours – pierre – dieu – l'homme-ours, fort, puissant, comme l'animal lui-même et solidement planté comme la pierre édifiée en dieu. Un homme à la sagesse animale, contrairement à la légende populaire et cinéphile, ne le considérant qu'en personnage finement revêtu d'équité chevaleresque, tout en noblesse d'âme.

ERSATZ ET BLASPHÈME

Contrairement à la cérémonie d'inauguration de la Loi de Dieu sur le mont Horeb, réunissant ouvertement et publiquement toute la nation d'Israël, la loi du nouvel Ordre mondial inscrite en plusieurs langues sur le monument en granit du Guidestones est une érection abjecte, réalisée anonymement, à la dérobée, méthode caractéristique des forces occultes.

En voulant s'inspirer des dix commandements, sur lesquels reposent 1- toute la loi biblique originelle, 2- la Déclaration universelle des droits inaliénables de l'homme 3- toutes les lois fondamentales des pays démocratiques, les bâtisseurs de l'édifice ont proféré un blasphème à l'égard de l'Auteur légitime du décalogue, tout en érigeant un lieu sacré pour adorer Baal-Zebub, dont ils tirent puissance, intelligence et art de la tromperie.

L'on ne sait pas précisément qui a financé ce monument, mais connaissant les nombreux mécènes attachés aux objectifs de contrôle démographique, il est possible d'en avoir une idée plus précise. À New York, le 5 mai 2009, Bill GATES a organisé une rencontre très discrète sur la surpopulation avec les lobbyistes et milliardaires David ROCKEFELLER, Warren BUFFET, Ted TURNER.[102] Ce dernier ayant créé la Fondation des Nations Unies, dénomination directement inspirée de l'ONU, dont le but consiste à diminuer la population surtout en promotionnant les méthodes contraceptives.

Ce puissant cartel rejoint le projet de Dennis MEADOWS qui rédigea en 1972 le rapport du Club de Rome « *Halte à la croissance* » élevant l'écologie au rang de cause mondiale, proposant pareillement de réduire la population mondiale à moins d'un milliard d'habitants. En février 2011, derrière son apparente bonhomie Bill GATES a reconnu placidement le rôle de la vaccination dans la réduction de la population mondiale, découvrez-le vous-même dans cet interview.[103] D'un autre côté, ces leaders poussent d'autres milliardaires à faire don d'une grande partie de leur fortune pour des œuvres caritatives. Ils cherchent ainsi à faire valoir auprès de l'opinion publique, désemparée par la dureté du contexte mondial, l'importance des valeurs d'altruisme, de concorde. Mais en réalité, tout comme Ted TURNER a pu récemment renflouer l'ONU avec I milliard

---

[102] **Eugénisme et agenda mondial de dépopulation**
http://www.les7duquebec.com/tag/un-nombre/
[103] **Bill Gates admet que la vaccination apporte un contrôle démographique**
https ://www.youtube.com/watch ?v=CzBcaiKbYoI

de $, ils rassemblent les fonds nécessaires pour finaliser l'édification d'un nouvel Ordre mondial.

LE NOUVEL ORDRE DU MONDE SE HÂTE, IL EST IMMINENT

L'état général de dégradation du monde, notamment au plan économique, est en soi une preuve de l'imminence du N.O.M.. En 1985, Norman COUSINS (1915-1990), auteur et directeur honoraire de l'organisation universaliste *Planetary Citizens for the world We Chose*, fut cité par le journal the Human Events, après avoir déclaré « *Le Gouvernement mondial arrive. À vrai dire, il est inévitable. Aucun argument pour ou contre lui ne peut changer ce fait* ».

En novembre 2008, en fin de mandature de Georges BUSH, le principal représentant des esprits supérieurs Henry KINSINGER, membre du CFR – Trilatérale – Bilderberg – Bohemian's club – membre de la franc-maçonnerie anglaise dans l'Ordre des Shriners ou A.A.O.N.M.S (**Ancien Arabic Order** of the Nobles of the Mystic Shrine – Ordre Arabe ancien des nobles du sanctuaire mystique des francs-maçons)[104] déclara :

Ω - « *On a besoin d'un nouvel Ordre mondial. La fin de l'administration BUSH fut agitée, et nous sommes au commencement de la suivante, nous allons maintenant être les témoins de la création d'un nouvel Ordre où les hommes qui regardent vers les abysses, même ceux du monde islamique, accepteront, à un moment donné, que l'ordre doit changer pour arriver à un nouveau système* ».

Pour réaliser dans le temps imparti l'inauguration de ce nouvel Ordre, l'actuelle véritable gouvernance mondiale s'il le faut va accélérer le processus de dégradation économique, notamment

---

[104] **Shriners**
http://fr.wikipedia.org/wiki/Shriners

par un effondrement monétaire, afin d'aboutir à un état proche du chaos social et intra étatique. Le moyen d'aboutir rapidement à cette célébration historique est de proposer astucieusement à tous les chefs de gouvernement et à tous les peuples une solution inespérée de sauvetage financier et monétaire. Cette refonte du système capitaliste sera le bouleversement de nature économique, l'antichambre d'un nouvel agencement politique, social, environnemental, du monde.

QUELLE EN SERAIT LA STRUCTURE

Le schéma apuré des principales organisations officielles et secrètes structurant l'Édification et l'itinéraire du N.O.M. est une projection des fondations institutionnelles à venir. S'ajouteraient ou se substitueraient à elles 1) L'ouverture à de nouveaux intitulés, mandats et ordres de mission, ainsi que la création de ministères spécialisés d'envergure mondiale : Police – Armée – Agriculture – Science – Éducation – Culte…. 2) La reconfiguration économico-politique de nouvelles zones continentales d'Afrique – d'Asie – d'Europe. Une d'entre elles existe déjà partiellement sur le continent américain sous le nom d'ALÉNA (Accord de libre-échange nord-américain), regroupant le Canada, le Mexique et les USA, un accord qualifié de pierre angulaire du N.O.M. par Henry KISSINGER.

À QUOI PEUVENT S'ATTENDRE LES HABITANTS DE LA PLANÈTE TERRE ?

L'avènement de la redoutable nouvelle gouvernance est prévu depuis longtemps. Dès qu'elle sera au pouvoir, elle entreprendra de régenter toutes les dimensions de la vie – de la pensée – de l'activité humaine au sens très large – par un contrôle de plus en plus centralisé de l'information – du savoir et des techniques – de l'alimentation – de la vie humaine au plan existentiel – du système de santé et de la régulation des populations – des ressources du sol et du sous-sol – du commerce mondial et des organisations syndicales si elles y étaient admises.

Surtout, elle annihilera la nature diversifiée de la politique des nations et les droits universels de l'homme. Son pouvoir s'étendra par l'exaltation du culte néo païen de la Terre-mère-Gaïa, privant l'homme de sa place naturelle et légitime, jusque-là reconnue même imparfaitement par les grandes traditions philosophiques, juridiques, politiques et religieuses.

L'on vit donc les dernières années, très probablement les derniers mois, d'une société humaine administrée par la souveraineté des États nation. Une forme de gouvernance traditionnelle dont la tâche bien qu'incomplète consistait somme toute en une protection relative des citoyens, en l'assurance de bénéficier des statuts des droits de l'homme. Des valeurs dont les modalités d'application en démocratie sont bien coutumières de la majorité des citoyens du monde. D'ici peu, la vassalité des nations sera exigée avec grande subtilité pour les intégrer à une toute autre gérance des peuples. Cette gouvernance impitoyable se chargera alors de fouler au pied et d'évincer définitivement une conception de vie, bien qu'inachevée, fondée sur les valeurs judéo-chrétiennes.

CONCLUSION

Nous avons ainsi pu lever la toile obscure qui recouvre le système soumis à l'emprise du mondialisme afin de vous exposer chacun des faits marquants, chacune des étapes, conduisant à un nouvel Ordre du monde. Nous avons étayé notre investigation de plusieurs citations clés de hauts personnages aux commandes de milieux clés de la société, institutions supranationales, cercles de réflexion, sociétés secrètes, etc. Les déclarations les plus marquantes, sont précédées du sigle de l'oméga Ω ponctuant les citations décisives afin de démontrer les faits, favorisant ainsi la compréhension d'ensemble de l'ouvrage.

De plus nous avons examiné ces citations sous l'angle peu usité des mobiles du cœur. Si cet organe est un fabuleux muscle tissé assurant la vie aussi longtemps qu'il pourra battre, il est aussi le siège des sentiments, des affections, des pensées les plus profondes. Ne dit-on pas : « *Un homme de cœur – Un individu* sans *cœur – Avoir quelque chose à cœur ou sur le cœur – N'avoir point de cœur – Ouvrir son cœur – Aimer quelqu'un de tout son cœur - Avoir un élan du cœur – Avoir du cœur à l'ouvrage – Avoir un double cœur.* » Trois aphorismes compléteront cet énoncé : « *Le cœur a ses raisons que la raison ne connaît pas* » (Blaise PASCAL, mathématicien, physicien, inventeur, moraliste et théologien français, 1623-1662). « *Les grandes pensées viennent du cœur* » (Marquis de VAUVENARGUES, moraliste français, 1715-1745). « *C'est de l'abondance du cœur que la bouche parle* » (citation de l'évangile – Matthieu 12 : 34).

Nos cœurs sont donc comme les archives du plus profond de notre for intérieur, d'où nos lèvres tirent tout ce qu'elles expriment. Si nos mobiles sont bons, nos paroles le seront aussi. S'il s'agit de mauvais sentiments teinté de duplicité, de tromperie, de domination… ils ressortiront de nos lèvres d'une façon ou d'une autre, à un moment ou à un autre. Au cours d'une vie, c'est la seule option qui de notre point de vue permet de savoir vraiment ce qui anime un individu.

Les chefs de gouvernement et l'élite mondiale sont des experts dans l'art de la communication. Bien que sachant maîtriser leurs sentiments et leur langage, notamment lors de leurs déclarations publiques, à un moment ou à un autre ils expriment le sens de leurs intentions les plus profondes, les plus intimes. Considérant que l'ensemble de leurs déclarations est comparable aux jointures d'une épine dorsale, nous avons entrepris de les placer dans le contexte de leur vie publique et de leur activité dérobée au sein d'organisations occultes. Puis en emboîtant, positionnant, leurs propos suivant l'époque et selon leur degré de giration, nous avons pu faire la claire démonstration de ce qui s'articule, se trame à l'arrière-plan, dans les coulisses de la scène mondiale, bien loin du regard inexercé de la grande majorité des gens.

Il était approprié de procéder de cette manière, car pour la plupart ces personnages connus ou moins connus du grand public agissent tout en duplicité. Ils occupent une fonction officielle dans la société tout en ayant un rôle prépondérant à la tête de la véritable gouvernance mondiale, au sein de laquelle ils planifient en secret le cours des principaux événements mondiaux. Leurs propos sont donc une base historique à notre investigation.

En somme, sur la base de notre investigation complète, nous avons pu vous éclairer sur la façon dont la grande multitude, placée sous l'emprise du mondialisme, est manipulée pour suivre un itinéraire qui la conduira finalement vers une destination funeste. Pour parfaire utilement votre connaissance de ce sujet essentiel, il reste à connaître les principaux moyens économiques, technologiques et microbiologiques dont dispose le cartel de la gouvernance occulte, ce sera l'objet de trois autres ouvrages.

BIBLIOGRAPHIE

1 - BRZEZINSKI, Zbigniev, *between two Ages. America's Role in the Technetronic Era*, Harmondsworth, Penguin Book Ltd, 1970.

2 - Cf. *North-South : À Programme for Survival*, Londres, Pan Books world Affairs, 1980. Voir spécialement le chapitre 16, pp. 257-266.

3 - Parmi les premiers théoriciens « modernes » de cette conception on peut mentionner Francisco de Victoria (avec son interprétation de la destination universelle des biens) et de Hugo Grotius (avec sa doctrine de la liberté de navigation).

4- Cf. KELSEN, Hans, Théorie pure du droit, traduction de Charles Eisenmann, Paris, LGDJ, 1999.

5- Parmi les premiers théoriciens « modernes » de cette conception on peut mentionner Francisco de Victoria (avec son interprétation de la destination universelle des biens) et de Hugo Grotius (avec sa doctrine de la liberté de navigation).

6 - GEORGE, Susan, et SABELLI, Fabrizio, Crédits sans frontières. La religion séculière de la Banque mondiale, Paris, Éd. de La Découverte, 1994.

7 - C'est à cette occasion que la Congrégation pour la Doctrine de la Foi a publié sa déclaration Dominus Jésus.

8- Les cultes à Mystères, aussi appelés cultes initiatiques sont apparus avant l'ère chrétienne dans le monde gréco-romain. Ces cultes ayant un tel niveau d'incrustation dans la société humaine à l'époque, si le christianisme n'était pas apparu, le monde actuel serait assurément entièrement mithriaste. Le mithraïsme ou culte de Mithra est un culte à mystères, apparu pendant le IIe siècle av. J-C. dans la partie orientale de la Méditerranée, puis diffusé les siècles suivants dans tout l'Empire romain, atteignant son apogée durant les IIIe et IVe en devenant un concurrent important du christianisme. Le culte de Mithra eut une implantation particulière auprès des soldats romains. Comme toutes les religions païennes, il fut déclaré illégal en 391. C'était un culte de type initiatique, basé sur la transmission orale et un rituel d'initié, non pas sur des écritures sacrées, ce qui ressort de l'étude iconographique des thèmes des arts visuels de l'époque

Le culte de Mithra s'exerçait dans des temples nommés *mithræa*. Ces endroits étaient au départ des grottes naturelles, et plus tard des constructions artificielles les imitant, obscures et dépourvues de fenêtres. Ils étaient exigus, la plupart ne pouvaient pas accueillir plus de quarante personnes. *La similitude est frappante avec le bâtiment dit « la tombe » dans l'université de Yale et d'autres universités américaines, dans lequel se déroule l'initiation du serment Skull and Bones chapter - SKB - 322.*

Selon David ULANSEY, un auteur non traduit en français, Mithra est un dieu si puissant qu'il est capable de transformer l'ordre de l'univers, représenté sous la forme d'un taureau, il est le symbole de la constellation du Taureau. Au début de l'astrologie, en Mésopotamie, entre 4000 et 2000 av. J.-C. Le soleil était au niveau du Taureau pendant l'équinoxe de printemps. Une autre interprétation considère que le sacrifice du taureau représente la libération de l'énergie de la Nature.

Pendant le 25 décembre (qui coïncide à peu près avec le solstice d'hiver), se commémorait la naissance de Mithra. Les 16 de chaque mois étaient sacrés également. Les adeptes de Mithra louaient également le dimanche, jour du Soleil.

Parmi les divinités faisant l'objet d'un culte à mystères : Harpocrate l'avatar d'Horus (l'œil que l'on retrouve sur le billet d'un dollar américain et sur la Déclaration universelle des droits de l'homme) ; L'Isis d'Égypte, cite dans l'analyse de la citation de Napoléon, chapitre IV.

Les cultes à Mystères se différencient des cultes officiels sur un point crucial :

Les participants subissent des initiations successives, apprenant à chaque fois quelque chose de plus sur les secrets de la divinité. Ils progressent dans des grades montrant leur niveau d'initiation. Exactement selon la pratique initiatique de la franc-maçonnerie et/ou celle de la secte Skull and Bones, celle qui caractérise les esprits supérieur.

Annual LIBOR Planning Meeting-Basel 7 Institute Fraud Archives

LIVRES DU MÊME AUTEUR

L'EMPRISE DU MONDIALISME

I - Crise économique majeure – Origine – Aboutissement - L'actuelle véritable gouvernance mondiale, décrite dans cet ouvrage, opère depuis des décennies en coulisse, à l'arrière-plan, des États-nation.

III - Le Secret des Hautes Technologies - Les moyens de haute technologie des superpuissances ont-ils capacité à manipuler, bouleverser, le climat, produisant des inondations, sécheresses, ouragans, tsunamis, tremblements de terre... ?

IV - Hérésie Médicale et Éradication de masse – les principaux moyens microbiologiques de pandémie - stérilisation de masse - Cancer & médicaments chimiques

Ouvrages publiés chez **Omnia Veritas Ltd**

www.omnia-veritas.com

ⓞMNIA VERITAS

Suivre l'évolution de la crise majeure sur notre site

www.crisemajeure.jimdo.com

www.ingramcontent.com/pod-product-compliance
Lightning Source LLC
Chambersburg PA
CBHW070903270326
41927CB00011B/2441